verso la tolleranza

Da madre a figlia: i ricordi e le ricette oltre le intolleranze alimentari

Malvarosa Edizioni
Copyright © 2012

Via Roma, 7
80075 Forio (Isola d'Ischia)
info@malvarosaedizioni.it
www.malvarosaedizioni.it
www.facebook.com/malvarosa.edizioni

Disegni
Cristina Insaghi

Stampa e rilegatura
PRINTER TRENTO – Trento

ISBN
978-88-97564-05-8

Tutti i diritti sono riservati a norma di legge
e a norma delle convenzioni internazionali.
Nessuna parte di questo libro può essere
riprodotta con mezzi elettronici, meccanici
o altri, senza l'autorizzazione scritta
dell'Editore.

verso la tolleranza

A Gaia

prefazione

Un altro libro sulle intolleranze alimentari? Qualcuno potrebbe obiettare che è un argomento che va troppo di moda, che ormai se ne legge ovunque, con affermazioni le più varie e spesso contrastanti tra loro.

Eppure "**Verso la tolleranza**" si distingue dalle pubblicazioni esistenti perché non vuole spiegare, né fare capire nulla: racconta direttamente l'esperienza di un'infanzia vissuta combattendo con allergie ed intolleranze alimentari, mettendo in luce come sia possibile affrontare con successo situazioni spesso anche molto difficili.

Al giorno d'oggi le problematiche legate all'alimentazione sono molto frequenti, specialmente per il cambiamento radicale delle abitudini alimentari che si è verificato negli ultimi 30 anni, con un apporto dietetico assai elevato di zuccheri, lieviti, glutine, lattosio e solanacee; cambiamento troppo repentino perché l'organismo possa esservisi adattato correttamente. E non solo sono cambiate le abitudini, sono cambiati anche gli alimenti, in parte perché vengono preparati a livello industriale in modo da assecondare i nuovi gusti, in parte perché l'inquinamento del territorio fa sì che mangiamo cibi ricchi anche di sostanze che rendono i nostri organi e specialmente l'apparato digerente vulnerabili.

Il periodo dell'infanzia e dell'adolescenza è critico perché getta le basi per quello che sarà l'intestino futuro della persona; inoltre, dato lo stretto legame tra ambiente interno dell'intestino e risposta immunitaria, in particolare per il ruolo della flora batterica, sono molteplici le situazioni che possono risentire direttamente o indirettamente dell'alimentazione.

Cerchiamo quindi di seguire Cristina che, con pazienza, affronta le malattie della figlia sforzandosi di preparare dei cibi che possano piacere ed insieme favorire la salute; percorso difficile, anche perché potrebbe sembrare perso in partenza: è impari il confronto tra le indicazioni materne e i richiami dei compagni di scuola, della tv, delle immagini pubblicitarie di piatti di aspetto ben più invitante ("*aspetto*", ho detto *aspetto*, la parola non è stata scelta a caso). Eppure brava Cristina ad insistere nel suo proporre e seminare: qualcosa cresce. E resta.

E seguiamo anche Valeria che, come qualsiasi adolescente, si oppone alla diversità alimentare che la famiglia le impone, cercando di evitare i piatti proposti, eppure raccoglie... Così ora che è mamma, sa già cosa può proporre a tavola a Gaia per aiutarla a crescere sana.

E un plauso anche a Irene, che pur comparendo solo tra gli Autori, di questa storia è anch'ella interprete, quantomeno perché ce la racconta mettendo la sua voce a disposizione di quella degli attori: è importante il lavoro che sta compiendo in questi anni, tra libri e web, per aiutare quante più persone possibile ad affrontare nella pratica la vita tra le intolleranze.

Così se questo libro avrà la divulgazione che merita e aiuterà ad alimentare in modo corretto bambini e adolescenti, questo potrebbe essere il passo perché in futuro si parli sempre meno di intolleranze alimentari!

Dr. Francesco Pincini
Dirigente Medico della U.O.A. di Gastroenterologia
Ospedale "Pietro Cosma" - Camposampiero (PD)

Riserva San Massimo®

La biodiversità tutela l'autentico riso Carnaroli

Il riso Carnaroli Riserva San Massimo viene prodotto in Lomellina in un suggestivo ecosistema esteso per più di 5.900.000 metri quadrati di area naturale, uno straordinario paesaggio caratterizzato da una vasta superficie boschiva naturale, solcata da fontanili, lanche e paludi, alternato a piccoli campi agricoli dove il riso cresce irrigato da acqua sorgiva che sgorga nella Riserva, in questi quindici anni i campi agricoli sono stati contornati con 82 chilometri lineari di alberi da frutto non trattati, biologici, che, oltre ad aumentare la biodiversità della riserva favorisce il mantenimento degli animali che popolano e transitano nella riserva, associati all'abbondante presenza di foglie, funghi e microrganismi, determinano la naturale decomposizione della materia organica trasferendo al terreno sostanze nutrienti, ancora come una volta.
La Riserva San Massimo per le sue caratteristiche ecologiche, faunistiche, botaniche e forestali rappresenta una delle più interessanti aree naturali del Parco Lombardo della Valle del Ticino: nel 2004 è stata riconosciuta Sito di Interesse Comunitario (SIC IT2080015), area di protezione speciale, patrimonio dell' UNESCO la Riserva San Massimo accoglie infatti diverse specie animali e vegetali protette, elencate nella lista dell'Unione Mondiale per la Conservazione della Natura delle specie minacciate; decine di risorgive, riconosciute dalla Regione Lombardia 'fontanili tipici', nascono dai fondali sabbiosi e solcano il territorio approvvigionandosi della naturale decomposizione organica dei boschi per defluire nei campi dove cresce l'autentico riso Carnaroli.

La FAO (Organizzazione delle Nazioni Unite per l'alimentazione e l'agricoltura) ha rilevato nelle risaie naturali più di 700 specie di insetti e di altri organismi. Batteri e piccolissime piante acquatiche che costituiscono l'alimento di una fauna microscopica che a sua volta nutre zanzare e larve di moscerini che garantiscono il nutrimento ai predatori più grandi. Questo non solo è essenziale per la salvaguardia dell'ambiente ma favorisce in modo naturale un buon raccolto: il predatore si nutre anche dell'insetto nocivo. L'uso sconsiderato di insetticidi può quindi interrompere questa meravigliosa catena naturale e la tecnica dell'agricoltura 'integrata', indicata anche dal disciplinare di produzione del Parco Lombardo della Valle del Ticino, aiuta a combattere solo gli insetti che minacciano i raccolti, limitando così l'inquinamento e i danni alla struttura del terreno e all'habitat naturale in generale.

L'azienda agricola Riserva San Massimo® non ha subito i mutamenti portati dall'agricoltura intensiva e adotta anche vecchi e faticosi procedimenti quali mantenere coperte da erba le ripe ai bordi dei campi e contornare le stesse con solchi profondi, accorgimenti che permettono una riserva d'acqua in risaia per tutto il periodo di maturazione del riso con il vantaggio di mantenere naturalmente sana la pianta del nostro riso e vivi gli ecosistemi acquatici da cui parte la catena alimentare.

Dino Massignani
Direttore Riserva San Massimo

Azienda agricola San Massimo di Maria Antonello, Località San Massimo, 27027 Gropello Cairoli (PV)

Indice

Prefazione
a cura del dott. Pincini

Cap. 1
Svezzamento

Cap. 2
Ricordi d'infanzia

Cap. 3
Piccoli intolleranti crescono

Cap. 4
India

Cap. 5
Risotti di famiglia

Cap. 6
Di madre in figlia

Cap. 7
E...

Bibliografia

svezzamento

La luce del forno riverbera un giallo caldo sulla pasta della pizza di kamut che si gonfia leggermente. I capperi, le olive, la crema di carciofi e le rondelle di cipolle ondeggiano sulla superficie. Un inspiro sonoro raccoglie l'attesa della cottura, sincronizzandosi con il rumore della ventola.

"Valeria apparecchia intanto: non cuoce prima, se la guardi" – sua madre, Cristina, entra in cucina a piedi nudi, con il passo agile da insegnante di yoga, i capelli biondi raccolti e lo sguardo profondo blu.

Valeria si alza stendendo tutti i muscoli e le giunture per mettere ancora più distanza tra sé e la finestra del forno. Si volta allontanando i capelli nerissimi con un gesto del collo:

"Hai ragione, mamma" – conferma, con un nuovo sospiro.

"Sei proprio una buongustaia: lo sei sempre stata, anche da piccola." – Cristina scuote la testa sorridendo ed indicando con la mano di preparare la tavola in salotto.

Valeria apre il cassetto chiaro del tavolo della cucina, in cui sono contenute le tovaglie.
Inclina la testa verso destra, inserendo le mani tra gli strati sovrapposti di stoffa, i suoi palmi incontrano la ruvidità fine del lino bianco con un ricamo a punto croce, fatto dalla nonna Setta. Estrae la tovaglia.

"Ma se non potevo mangiare niente." – ribatte allegramente spostandosi in salotto con la tovaglia sugli avambracci.

"Era il 1985, tu avevi pochi mesi quando hai iniziato ad avere coliche, piaghe e shock anafilattico per le intolleranze alimentari."

Valeria distende le pieghe della tovaglia sul tavolo, mentre osserva le spalle dritte e disegnate di sua madre, che apre il frigo per prendere un cespo di lattuga.

Pulendo la lattuga dalla terra in eccesso e mettendola sotto il getto di acqua fredda, Cristina continua a parlare quasi sovrappensiero:

"Non esistevano ancora in commercio la varietà di omogeneizzati e liofilizzati di oggi.
Le verdure che ti erano consentite si limitavano alle zucchine, alla lattuga, al sedano.
Anche sulla frutta avevi dei divieti: niente mela, uva, ciliegie, banane.
Andava un po' meglio con la frutta estiva, che però durava solo due mesi."

La carta tessuto del rotolo appeso sopra il lavello, è strappata con slancio sonoro destinato ad asciugare le foglie del cespo ormai lindo. Valeria per poco non si schiaccia un dito nel cassetto da cui sta estraendo forchette e coltelli.

Cristina, si rivolge alla figlia prendendo una terrina di ceramica bianca e spezza con le dita le foglie di lattuga:

"Per quanto riguarda i cereali potevi assumere solo riso, mais e tapioca. Altre varietà erano, all'epoca, irreperibili e sconosciute."

Valeria si sposta verso l'altra stanza, seguendo il discorso di sua madre con lo sguardo, in sala dispone le due forchette a sinistra ed i coltelli a destra, gli uni di fronte agli altri.

"Con il pesce hai iniziato tardi: è un alimento generalmente sconsigliato agli allergici. Assolutamente proibiti i crostacei e i molluschi, che comunque non sono adatti all'alimentazione di un bimbo piccolo.
La carne consentita era quella di cavallo, coniglio e agnello."

Cristina prende con la destra la terrina, e con la sinistra il contenitore dell'olio, sale e salsa di soya, dirigendosi verso la sala.

"Ricordo con un certo disgusto l'odore che dalla pentola usciva e dilagava in tutto il condominio di agnello lessato." - storce il naso appoggiando l'insalatiera sul tavolo apparecchiato.

Valeria le porge la mano per prendere i condimenti:

"Curioso, l'agnello è la mia carne preferita ancora oggi!" - commenta abbassando le lunghe ciglia nere ed increspando le fossette sornione.

Cristina annuisce lanciando un'occhiata d'insieme alla tavola:

"Mancano i bicchieri e i tovaglioli" - conclude.

Un trillo dalla cucina annuncia che la pizza di kamut è pronta.

PURÉ PER IL BEBÈ

Tutti i puré possono essere mangiati da soli oppure aggiunti alle creme di riso, mais, avena o tapioca. Le verdure possono essere inserite secondo diverse combinazioni, in sintonia con gli alimenti tollerati.
Inizialmente è opportuno preparare i puré con solo 2 tipi di verdure e verificarne la tolleranza. In seguito è possibile aggiungerne altre.
Un passo successivo è quello di aggiungere 1 o 2 cucchiaini di panna di soya.
Alcune verdure sono da assumere con attenzione, tra cui le solanacee – patata, pomodoro, peperone - e gli spinaci liberatori di istamina.
Mamme, non fatevi frenare dalla scelta delle verdure!
Il gusto si educa e il bebè nasce ben predisposto ad assaggiare di tutto.

PURÉ D'AGNELLO CAROTE E SEDANO

Ingredienti per porzione:
- ½ fetta di agnello
- 2 carote
- 1 pezzetto di sedano
- acqua
- 1 cucchiaino d'olio extravergine d'oliva

Procedimento:
Tagliare la carne, pulire e lavare le verdure e tagliarle a pezzetti.
Far cuocere a fuoco lento nell'acqua per circa 15-20 minuti.
Successivamente ridurre il tutto con il mixer.
Aggiungere l'olio d'oliva a crudo.

PURÉ DI POLLO CAROTE E FAGIOLINI

Ingredienti per porzione:
- ½ petto di pollo
- 2 carote
- una manciata di fagiolini
- acqua
- 1 cucchiaino d'olio extravergine d'oliva

Procedimento:
Tagliare la carne, pulire e lavare le verdure e tagliarle a pezzetti.
Far cuocere a fuoco lento nell'acqua per circa 15-20 minuti.
Successivamente ridurre il tutto con il mixer.
Aggiungere l'olio d'oliva a crudo.

PURÉ DI CAVALLO CAROTE E ZUCCHINE

Ingredienti per porzione:
- ½ fetta di carne di cavallo
- 2 carote
- 1 zucchina
- acqua
- 1 cucchiaino d'olio extravergine d'oliva

Procedimento:
Tagliare la carne, pulire e lavare le verdure e tagliarle a pezzetti.
Far cuocere a fuoco lento nell'acqua per circa 15-20 minuti.
Successivamente ridurre il tutto con il mixer.
Aggiungere l'olio d'oliva a crudo.

PURÉ DI CONIGLIO CAROTE E FINOCCHIO

Ingredienti per porzione:
- 2 cosce di coniglio
- 2 carote
- 1 finocchio
- acqua
- 1 cucchiaino d'olio extravergine d'oliva

Procedimento:
Tagliare la carne, pulire e lavare le verdure e tagliarle a pezzetti.
Far cuocere a fuoco lento nell'acqua per circa 15-20 minuti.
Successivamente ridurre il tutto con il mixer.
Aggiungere l'olio d'oliva a crudo.

PURÉ DI TACCHINO, BROCCOLETTI E ZUCCA

Ingredienti per porzione:
- ½ fetta di tacchino
- 100 gr di zucca
- 4 cimette di broccoletti
- acqua
- 1 cucchiaino d'olio extravergine d'oliva

Procedimento:
Tagliare la carne, pulire e lavare le verdure e tagliarle a pezzetti.
Far cuocere a fuoco lento nell'acqua per circa 15-20 minuti.
Successivamente ridurre il tutto con il mixer.
Aggiungere l'olio d'oliva a crudo.

PURÉ DI PESCE BIANCO LATTUGA E CRESCIONE

Ingredienti per porzione:
- ½ filetto di pesce senza lische a scelta tra: sogliola, merluzzo, nasello, platessa
- 3 foglie di lattuga
- prezzemolo
- qualche foglia di crescione
- acqua
- 1 cucchiaino d'olio extravergine d'oliva

Procedimento:
Tagliare il pesce, pulire e lavare le verdure e tagliarle a pezzetti.
Far cuocere 15-20 minuti tutto insieme a fuoco lento nell'acqua.
Successivamente ridurre il tutto con il mixer.
Aggiungere l'olio d'oliva a crudo.

PURÉ DI CAROTE E SEDANO

Ingredienti per porzione:
- 2 carote
- 1 gambo di sedano
- acqua
- 1 cucchiaino d'olio extravergine d'oliva

Procedimento:
Pulire e lavare le verdure e tagliarle a pezzetti.
Far cuocere a fuoco lento nell'acqua per circa 15-20 minuti.
Successivamente ridurre il tutto con il mixer.
Aggiungere l'olio d'oliva a crudo.

PURÉ DI LATTUGA E PISELLI

Ingredienti per porzione:
- ½ lattuga piccola
- una manciata di piselli
- acqua
- 1 cucchiaino d'olio extravergine d'oliva

Procedimento:
Pulire e lavare le verdure e tagliarle a pezzetti.
Far cuocere a fuoco lento nell'acqua per circa 15-20 minuti.
Successivamente ridurre il tutto con il mixer.
Aggiungere l'olio d'oliva a crudo.

PURÉ DI FAGIOLINI E PORRO

Ingredienti per porzione:
- ½ porro
- una manciata di fagiolini
- acqua
- 1 cucchiaino d'olio extravergine d'oliva

Procedimento:
Pulire e lavare le verdure e tagliarle a pezzetti.
Far cuocere a fuoco lento nell'acqua per circa 15-20 minuti.
Successivamente ridurre il tutto con il mixer.
Aggiungere l'olio d'oliva a crudo.

PURÉ DI ZUCCA E FAGIOLINI

Ingredienti per porzione:
- 100 gr di zucca
- una manciata di fagiolini
- acqua
- 1 cucchiaino d'olio extravergine d'oliva

Procedimento:
Pulire e lavare le verdure e tagliarle a pezzetti.
Far cuocere a fuoco lento nell'acqua per circa 15-20 minuti.
Successivamente ridurre il tutto con il mixer.
Aggiungere l'olio d'oliva a crudo.

PURÉ DI PORRO E CAROTA

Ingredienti per porzione:
- ½ porro
- 2 carote
- acqua
- 1 cucchiaino d'olio extravergine d'oliva

Procedimento:
Pulire e lavare le verdure e tagliarle a pezzetti.
Far cuocere a fuoco lento nell'acqua per circa 15-20 minuti.
Successivamente ridurre il tutto con il mixer.
Aggiungere l'olio d'oliva a crudo.

PURÉ DI LATTUGA E PREZZEMOLO

Ingredienti per porzione:
- ½ lattuga piccola
- una manciata di prezzemolo
- acqua
- 1 cucchiaino d'olio extravergine d'oliva

Procedimento:
Pulire e lavare la lattuga e tagliarla a listarelle. Mondare, lavare e tritare il prezzemolo.
Far cuocere la lattuga a fuoco lento nell'acqua per circa 15-20 minuti.
Quasi a fine cottura unire il prezzemolo. Successivamente ridurre il tutto con il mixer.
Aggiungere l'olio d'oliva a crudo.

PURÉ DI ZUCCHINA E CAROTA

Ingredienti per porzione:
- 1 zucchina
- 1 carota
- acqua
- 1 cucchiaino d'olio extravergine d'oliva

Procedimento:
Pulire e lavare le verdure e tagliarle a pezzetti.
Far cuocere a fuoco lento nell'acqua per circa 15-20 minuti.
Successivamente ridurre il tutto con il mixer.
Aggiungere l'olio d'oliva a crudo.

PURÉ DI CAVOLFIORE E LATTUGA

Ingredienti per porzione:
- ½ lattuga piccola
- 4 cimette di cavolfiore
- acqua
- 1 cucchiaino d'olio extravergine d'oliva

Procedimento:
Pulire e lavare le verdure e tagliarle a pezzetti.
Far cuocere a fuoco lento nell'acqua per circa 15-20 minuti.
Successivamente ridurre il tutto con il mixer.
Aggiungere l'olio d'oliva a crudo.

AVVERTENZA PER I PURÉ DOLCI

Se il bebè è molto piccolo occorre far cuocere la frutta.
La frutta può essere cotta in acqua o al vapore.
Per quanto riguarda la banana è necessario cuocerla in forno con la sua buccia, poi sbucciarla e passarla al mixer.

PURÉ DI MELA

Ingredienti per porzione:
- 1 mela
- poca acqua
- 1 cucchiaino di miele o malto di riso

Procedimento:
Sbucciare la frutta, tagliarla a pezzetti, cuocerla in poca acqua bollente per 10-15 minuti. Passare tutto al mixer. Aggiungere un cucchiaino di miele o di malto di riso.

PURÉ DI PERA

Ingredienti per porzione:
- 1 pera
- poca acqua
- 1 cucchiaino di miele o malto di riso

Procedimento:
Sbucciare la frutta, tagliarla a pezzetti, cuocerla in poca acqua bollente per 10-15 minuti. Passare tutto al mixer. Aggiungere un cucchiaino di miele o di malto di riso.

PURÉ DI ALBICOCCHE

Ingredienti per porzione:
- 4 albicocche
- poca acqua
- 1 cucchiaino di miele o malto di riso

Procedimento:
Sbucciare la frutta, tagliarla a pezzetti, cuocerla in poca acqua bollente per 10-15 minuti. Passare tutto al mixer. Aggiungere un cucchiaino di miele o di malto di riso.

PURÉ DI PESCA

Ingredienti per porzione:
- 2 pesche
- poca acqua
- 1 cucchiaino di miele o malto di riso

Procedimento:
Sbucciare la frutta, tagliarla a pezzetti, cuocerla in poca acqua bollente per 10-15 minuti. Passare tutto al mixer. Aggiungere un cucchiaino di miele o di malto di riso.

PURÉ DI BANANA

Ingredienti per porzione:
- 1 banana
- 1 cucchiaino di miele o malto di riso

Procedimento:
In forno pre-riscaldato a 180° cuocere la banana con la sua buccia, poi sbucciarla e passarla al mixer.
Aggiungere un cucchiaino di miele o di malto di riso.

PURÉ DI MELONE

Ingredienti per porzione:
- 2 fettine di melone
- 2 cucchiai di crema di riso

Procedimento:
Passare al mixer il melone, se necessario, aggiungere qualche cucchiaio d'acqua e dosare l'intensità del dolce con un cucchiaino di miele o di malto di riso.
Aggiungere la crema di riso a pioggia continuando a mescolare fino a raggiungere la consistenza di una crema.

Ottima tiepida come pasto fresco, ma anche fredda come dessert.

A Valeria piaceva molto. Quando è arrivata l'estate il melone era un possibile alimento tollerato.

RICORDI D'INFANZIA

I due piatti ammonticchiati completamente puliti non tradiscono croste rosicchiate ed abbrustolite. Le basi per pizza di pasta di kamut sono soffici e dorate, molto sottili: non lasciano spazio agli avanzi.

Forchette e coltelli giacciono sull'orlo dei piatti alle 17.00 di un immaginario quadrante del tempo. I coltelli sono inseriti sotto la curva rialzata delle forchette, perché non cadano.

"Ohhhhhhhhhhh!!"
I doppi vetri lasciano arrivare un urlo di disapprovazione dalla strada.

Cristina e Valeria scattano in piedi e si affacciano alla finestra, a pochi metri il mercato del sabato sta attraversando il suo momento clou. Mauro, un vero divo del banco frutta e verdura, sta strapazzando il suo aiutante:

"Ma quante volte te lo devo dire che la frutta e la verdura va tenuta bella fresca, spruzzandoci acqua ogni ora" - con i capelli bianchi ondulati, l'orecchino, la canottiera bianca ed i pantaloni militari, toglie dalle mani lo spruzzino da un aiutante che continua a fissare il terreno.

"Guardami: così!" - Mauro tiene la base dello spruzzino con la mano sinistra e con la destra irrora le varie cassette, l'aiutante annuisce senza smettere di guardare il marciapiede.

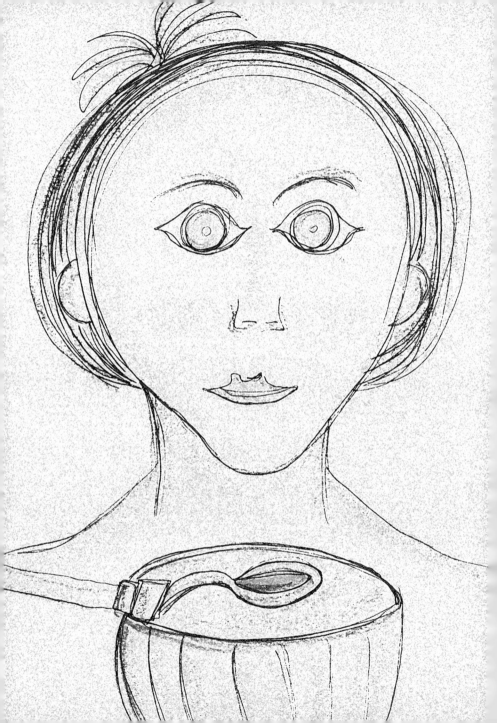

Cristina fissa la scena:

"Ti ricordi quando dicevi che i piselli facevano schifo?" - chiede con voce sommessa alla figlia.

"Sì. E nonno Meo cercava di tranquillizzarmi promettendomi che la prossima volta la nonna Mimma me li avrebbe preparati ripieni." - risponde Valeria sempre a bassa voce.

Cristina apre la finestra per far entrare il vento e guardare meglio. L'aiutante è stato spedito a fare le consegne a domicilio. Mauro è tornato nella sua postazione dietro al banco per servire una cliente che vuole solo delle assolute primizie.

"Anche con la frutta i bambini fanno difficoltà." - appoggia il mento sulle mani pensierosa.

Valeria si appoggia al davanzale con i gomiti fissando sua madre, per esortarla a continuare.

"Molto spesso è sufficiente presentare il piatto diversamente... Ad esempio gli spiedini di frutta caramellata o al cioccolato fondente sono idee rubate alle spiagge dell'Adriatico dove venditori con il cestino sotto il braccio passavano tra gli ombrelloni." - Cristina risponde allo sguardo della figlia.

"Ma il dolce?" - chiede Valeria piena di speranza.

AGNELLO AL FORNO

Ingredienti per 4 persone:
- 1,2 kg costolette d'agnello o posteriore d'agnello
- 2 bicchieri di vino rosso
- 1 spicchio grosso d'aglio
- 3 bacche di ginepro
- 3 chiodi di garofano
- una manciatina di salvia
- rosmarino
- 3 cucchiai d'olio extravergine di oliva
- sale

Procedimento:
In una teglia, rosolare nell'olio l'aglio affettato con i chiodi di garofano e le bacche di ginepro.
A fuoco vivo rosolare l'agnello, aggiungere il vino e lasciar evaporare.
Aggiungere la salvia e il rosmarino, salare e mettere in forno.
Cuocere per circa 40 minuti, a metà cottura girare l'agnello e, se necessario, aggiungere ancora un po' di vino rosso.

Per chi può assumere le solanacee, consiglio di pulire alcune patate, tagliarle a pezzi e sistemarle nella teglia, salarle e lasciarle cuocere insieme alla carne.

PIZZA AL FARRO O AL GRANO KAMUT

Ingredienti per ogni pizza:
- una base per pizza al farro o al grano kamut
- 1 cucchiaio di crema di carciofi o di paté d'olive
- verdura sott'olio a piacere tra: zucchine, carciofini, carote, cavolfiore, olive, cipolline
- verdura fresca a piacere tra: zucca, rucola, radicchio

Procedimento:
Sulla base per pizza stendere a piacere la crema di carciofi o il paté di olive.
Si possono aggiungere verdure sott'olio: carciofini, zucchine, carote, cavolfiore, olive, cipolline. Oppure verdura grigliata come: zucca, radicchio, zucchine. E ancora, una manciata di rucola a metà cottura.
Si possono aggiungere anche tonno e acciughe oppure optare per una variante araba, sostituendo alla crema di carciofi dell'hummus e sistemare sopra i falafel.

Si possono utilizzare le basi anche per fare pizze dolci con cioccolato nero o crema di nocciole o frutta.

PISELLI CON CIPOLLA

Ingredienti per 4 persone:
- 500 gr di piselli freschi o surgelati
- 2 cipolle
- salvia in abbondanza
- 2 cucchiai di olio extravergine d'oliva
- sale

Procedimento:
La ricetta è molto semplice, non ha nulla di "speciale", quello che la rende diversa sono le quantità di cipolla rispetto ai piselli e quella della salvia.
Affettare le cipolle sottilmente, scaldare l'olio e versarci le cipolle e i piselli.
Aggiungere abbondante salvia, coprire e far cuocere, nel caso si asciugasse troppo riprendere con un po' d'acqua.
Salare solo alla fine.

CAROTE ALL'ACETO BALSAMICO

Ingredienti per 4 persone:
- ½ kg di carote
- ½ bicchiere di aceto balsamico
- 1 scalogno
- 2 cucchiai d'olio extravergine d'oliva
- sale
- semi di cumino (facoltativi)

Procedimento:
Pulire e tagliare le carote a piccoli dadini di circa 1 cm.
Affettare lo scalogno e farlo soffriggere leggermente nell'olio. Aggiungere le carote, salare, mescolare.
Versare il bicchiere di aceto balsamico, coprire e far cuocere a fuoco basso.
Se necessario aggiungere un poco d'acqua per completare la cottura.
A piacere aggiungere semi di cumino al termine della cottura.

TEGLIA DI PATATE E FINOCCHI AL FORNO
Per chi può assumere solanacee

Ingredienti per 4 persone:
- 1 kg di patate
- 2 kg di finocchi
- panna di soya
- farina di mais
- sale
- pepe

Procedimento:
Lessare 30 minuti i finocchi e le patate dopo averli puliti (una pentola a pressione dimezzerà i tempi).
In una teglia da forno sistemare uno strato di patate tagliate a fette, poi uno strato di finocchi a fette.
Salare e pepare, aggiungere la panna di soya e spolverizzare con la farina di mais.
Mettere in forno per 15-20 minuti a 200°.

POMODORI CON IL RISO DELLA NONNA SETTA
Per chi può assumere solanacee

Ingredienti per 4 persone:
- 4 pomodori rossi grossi e maturi
- 1 spicchio d'aglio
- 8 cucchiai di riso crudo
- 8 foglie di basilico
- 4 cucchiai d'olio extravergine d'oliva
- sale

Procedimento:
Lavare i pomodori, tagliarli a metà nel senso orizzontale e svuotare le due parti della polpa, tenendoli da parte in una terrina per riempirli successivamente.
Con la forchetta sminuzzare un poco la polpa, salarla e aggiungere il riso a crudo, il basilico, l'aglio tritato finemente e l'olio d'oliva. Sistemare i pomodori in una teglia, riempiendoli con il preparato opportunamente mescolato.
Il composto deve essere abbastanza liquido in modo da consentire la cottura del riso.
Cuocere la teglia in forno pre-riscaldato a 180° fino a cottura ultimata del riso, 20 minuti circa.
Sono ottimi sia caldi che freddi.

ZUCCHINE RIPIENE DI VERDURA

Ingredienti per 4 persone:
- 8 zucchine
- 3 carote
- 1 spicchio d'aglio
- 1 cipolla
- grattugiato di pane di kamut o farro, in alternativa gallette sbriciolate di mais o di segale, secondo necessità
- 4 cucchiai d'olio extravergine
- sale

Procedimento:
Pulire e lavare le zucchine e le carote. Lessarle 6 minuti in pentola a pressione utilizzando il cestello a vapore in modo che cuociano ma non si inzuppino d'acqua.
Tagliare le zucchine a metà sulla lunghezza, scavarle delicatamente con un cucchiaino in modo da togliere la polpa che verrà messa da parte nel mixer. Aggiungere la cipolla e lo spicchio d'aglio, salare e pepare. Incorporare l'olio e il grattugiato in modo da ottenere un composto morbido con il quale riempire le zucchine. Mettere il tutto in una teglia da forno e cuocere per 40 minuti a 180°.
Sono ottime sia calde che fredde.

ZUCCHINE AL FORNO
Per chi può assumere solanacee

Ingredienti per 4 persone:
- 8 zucchine
- 15 pomodorini
- 2 peperoni gialli
- 15 olive nere e verdi
- 2 cucchiai di capperi
- 1 cipolla
- 1 spicchio d'aglio
- una presa di origano
- grattugiato di pane di kamut o farro, in alternativa gallette sbriciolate di mais o di segale, secondo necessità
- 4 cucchiai d'olio extravergine

Procedimento:
Pulire e lavare le zucchine e i peperoni.
Affettare le zucchine per la lunghezza, tagliare i peperoni a pezzi. Affettare la cipolla.
In una teglia versare l'olio, aggiungere l'aglio e le cipolle, soffriggere leggermente ed unire le zucchine.
Cuocere mescolando e poi aggiungere i peperoni che hanno un tempo di cottura inferiore. Aggiungere i pomodorini tagliati a metà.
Unire i capperi opportunamente lavati e le olive tagliate a metà. Salare, pepare e aggiungere l'origano. Spolverizzare con il grattugiato ed infornare a 180° per 40 minuti dopo aver irrorato con un filo d'olio. Il piatto sarà pronto quando le zucchine si saranno ben asciugate.

TEGLIA DI CAROTE, CIPOLLE, FINOCCHI E PATATE
Per chi può assumere solanacee

Ingredienti per 4 persone:
- 500 gr di carote
- 900 gr di finocchi
- 3 cipolle
- 3 patate medie
- 1 spicchio d'aglio
- rosmarino
- salvia
- 2 cucchiai di olio extravergine d'oliva

Procedimento:
Pulire, lavare e tagliare a spicchi i finocchi. Sbucciare le carote e tagliarle a rondelle. Sbucciare, lavare le patate e tagliarle a pezzi. Sbucciare le cipolle e tagliarle a fette grosse.
Sistemare tutte le verdure in pentola a pressione e farle cuocere per circa 10 minuti, avendo cura di sistemarle a strati lasciando sul fondo quelle di più lunga cottura.
In una teglia da forno sistemare le verdure irrorandole d'olio d'oliva precedentemente preparato con uno spicchio d'aglio, salvia e rosmarino.
Lasciar colorire in forno a 180°.

PEPERONI IN TEGLIA
Per chi può assumere solanacee

Ingredienti per 4 persone:
- 1 cipolla
- 1 spicchio d'aglio
- 1 kg di peperoni gialli
- 5 olive verdi denocciolate
- origano
- 1 filetto d'acciuga
- 2 cucchiai d'olio d'oliva extravergine
- sale

Procedimento:
Affettare la cipolla e l'aglio.
In una padella versare l'olio d'oliva, la cipolla e l'aglio.
Aggiungere il filetto d'acciuga, mescolare finché non si disfa.
Pulire i peperoni e tagliarli in falde.
Sistemarli nella padella e rigirarli bene.
Coprire e lasciare cuocere un poco.
Verso la fine della cottura aggiungere le olive nere e verdi tagliate a metà e l'origano.

CIPOLLE SPEZIATE

Ingredienti per 4 persone:
- 12 cipolle bianche
- 24 chiodi di garofano
- curcuma
- foglie d'alloro
- farina di ceci
- 2 cucchiai d'olio extravergine d'oliva o ghee (*burro chiarificato* v. pagina 115)
- sale

Procedimento:
Lessare in anticipo le cipolle al microonde o in pentola a pressione.
Tagliarle a metà nel senso orizzontale. Sistemarle in una teglia antiaderente o con carta da forno. Incidere con una croce il centro di ciascuna cipolla.
Ad ogni metà sistemare all'interno un chiodo di garofano e pezzetto di foglia d'alloro, spolverizzare con la curcuma, salare.
Irrorare con l'olio o, se si usa il ghee, sistemarne un pezzetto all'interno della cipolla.
Spolverizzare con la farina di ceci.
Mettere in forno a 200° fino a che risultano ben dorate.

INSALATA DI SPINACI E MELOGRANO

Ingredienti per 4 persone:
- 500 gr di spinaci teneri
- 2 melograni
- 2 cucchiai di olio extravergine d'oliva
- 1 cucchiaio di aceto balsamico

Procedimento:
In una terrina sistemare gli spinaci e aggiungere i chicchi di melograno.
Condire con olio e aceto balsamico.

INSALATA AMERICANA: MELE, NOCI, UVETTA, MAIONESE DI SOYA

Ingredienti per 4 persone:
- 4 mele golden
- 10 noci
- 40 gr di uvetta sultanina ammollata nell'acqua
- succo di limone
- 2 cucchiai di mayonese di soya

Procedimento:
Sbucciare le mele, tagliarle a dadini e spruzzarle con il limone.
Aggiungere l'uvetta precedentemente ammollata nell'acqua e i gherigli di noce spezzettati.
Mescolare e aggiungere la mayonese di soya.

INSALATA DI GAMBERONI AVOCADO E GERMOGLI DI SOYA

Ingredienti per 4 persone:
- 20 gamberoni lessati
- 2 avocado
- 200 gr di germogli di soya
- 1 cucchiaio di senape dolce
- succo di limone
- 2 cucchiai di olio extravergine d'oliva
- sale

Procedimento:
In una terrina sistemare i gamberoni puliti e lessati, aggiungere l'avocado pulito e tagliato a cubetti ed i germogli di soya lavati. Fare un'emulsione con sale, succo di limone, olio e senape.
Distribuire uniformemente sull'insalata.

SCAROLA IN TEGLIA

Ingredienti per 4 persone:
- 2 cespi di scarola
- 50 gr di pinoli
- pane di kamut grattugiato
- 2 cucchiai di olio extravergine d'oliva
- 1 spicchio d'aglio
- sale

Procedimento:
Lavare la scarola in acqua, cercando di pulirla ma lasciando il cespo intero. Sgocciolarla.
In una teglia far soffriggere l'olio con uno spicchio d'aglio. Sistemare la scarola ben aperta, cospargerla di pinoli e spolverizzarla con il pane grattugiato di kamut. Salare.
Mettere in forno a 180° fino a che la scarola non si è abbrustolita.
Servire calda.

TURBANTE DI VERDURE CON TOFU

Ingredienti per 6 persone:
- 2 panetti di tofu
- 400 gr di zucchine
- 200 gr di carote
- 1 tazza di piselli surgelati
- 1 porro
- basilico
- semi di sesamo
- 3 cucchiai d'olio extravergine d'oliva
- sale

Procedimento:
Lavare e pulire le zucchine
Sbucciare le carote.
Lessare i piselli.
Lavare, pulire e tagliare a rondelle il porro.
Tagliare le carote e metà delle zucchine a fette sottili, nel senso della lunghezza, utilizzando un pelapatate ad archetto, e tagliare a cubetti le zucchine rimaste.
Far scottare le fettine di carote per 3 minuti in acqua bollente salata e la fettine di zucchine per 1 minuto.
Scolare e stenderle sopra ad un canovaccio.
In un tegame scaldare l'olio, far appassire il porro, aggiungere le zucchine rimaste tagliate a dadini. Unire anche i piselli e aggiungere il tofu tagliato a cubetti, salare e cospargere di semi di sesamo.
Cuocere a fuoco vivo fino a che il tofu si sarà rosolato.
Foderare uno stampo a ciambella con le zucchine e le carote preparate, alternando le fette e sovrapponendole un poco lasciando che debordino dallo stampo.
Sul fondo dello stampo sistemare delle foglie di basilico fresco.
Riempire lo stampo con il composto di porri, zucchine, piselli e tofu.
Richiudere il composto con la parte di carote e zucchine che deborda dallo stampo.
Porre lo stampo a bagnomaria in forno preriscaldato a 180° per circa 25-35 minuti.
Togliere dal forno e farlo riposare qualche minuto prima di sformarlo su di un piatto di portata.
Servirlo caldo o tiepido.

INVOLTINI DI TACCHINO CON SALVIA E CIPOLLA

Ingredienti per 4 persone:
- 4 fette di tacchino
- 2 cipolle grosse bianche
- abbondante salvia
- 1 spicchio d'aglio
- 1 bicchiere di vino bianco
- 2 cucchiai di olio extravergine d'oliva
- sale

Procedimento:
Pulire la cipolla e lavare la salvia. In un mixer sistemare le cipolle tagliate grossolanamente e la salvia aggiungere olio d'oliva quanto basta per poter miscelare.
Salare.
Con il composto ottenuto farcire le fette di tacchino arrotolandole e chiuderle con stuzzicadenti.
In una padella, far rosolare l'olio con lo spicchio d'aglio, e sistemare gli involtini.
Innaffiare con il vino bianco, coprire e lasciar cuocere per circa 20 minuti.
A metà cottura girare gli involtini.

INVOLTINI DI TACCHINO CON CARCIOFI DELLA NONNA MIMMA

Ingredienti per 4 persone:
- 8 fette di tacchino
- 8 carciofini sott'olio
- 1 bicchiere di vino bianco
- sale
- pepe
- 2 cucchiai di olio extravergine d'oliva
- salvia

Procedimento:
Preparare le fettine di tacchino stendendole sul tagliere e appiattendole. Salare e pepare. Nel mezzo sistemare il carciofino sott'olio e la foglia di salvia.
Arrotolare la carne in modo da formare un involtino che sarà fermato con dello spago o degli stuzzicadenti.
In una teglia versare l'olio, aggiungere lo spicchio d'aglio e lasciar insaporire.
Aggiungere gli involtini e, rigirandoli, lasciarli rosolare.
Versare il vino bianco e lasciar cuocere con un coperchio a fuoco basso.

ARROSTO CON LE CAROTE DELLA NONNA MIMMA

Ingredienti per 4 persone:
- 1 kg di arrosto di codino di manzo
- 1 gambo di sedano
- 1 cipolla bianca
- 7 carote
- 1 spicchio d'aglio
- 2 rametti di rosmarino
- alcune foglie di salvia
- 1 bicchiere di vino bianco
- 3 cucchiai d'olio extravergine d'oliva
- sale
- pepe

Procedimento:
In questa ricetta è importante che ci siano carote in quantità da formare una salsa.
In una pentola versare dell'olio d'oliva e aggiungere lo spicchio d'aglio e la cipolla tagliata a fette. Soffriggere leggermente, sistemare l'arrosto e, rigirandolo velocemente, lasciare che si colori. Pulire le carote, tagliarle a rondelle e sistemarle nella pentola. Salare, pepare, aggiungere la salvia e i due rametti di rosmarino. Aggiungere il vino bianco e cuocere. Quando la carne sarà cotta, toglierla dalla pentola e tenerla in caldo. Con il mixer fare del fondo una salsa. La carne poi andrà tagliata a fette, sistemata su un piatto di portata e coperta con la salsa.

CARNE CON LIMONE DELLA NONNA SETTA
Per chi può assumere formaggio di pecora

Ingredienti per 4 persone:
- 500 gr di carne trita di manzo
- 100 gr di pecorino grattugiato
- grattugiato di pane di kamut o farro, in alternativa sbriciolare delle gallette di mais, quanto basta
- succo di un limone
- 2 cucchiai d'olio extra vergine d'oliva
- sale
- pepe

Procedimento:
Sopra ad un tagliere sistemare la carne macinata, e con un coltello appiattirla in modo da ottenere delle fettine sottilissime. Salare, pepare e passarle leggermente nel grattugiato di kamut. Porre queste fettine di carne a strati in una teglia unta con l'olio d'oliva, aggiungere del pecorino grattugiato e irrorare ogni strato con olio d'oliva e succo di limone. Mettere la teglia in forno pre-riscaldato a 180° e cuocere per circa 15 minuti.

ORATA ALLA FILIPPINA

Ingredienti per persona:
- 1 orata
- ½ spicchio d'aglio
- ½ cipolla bianca
- 2-3 fettine di zenzero fresco
- salsa di soya q.b.
- 1 cucchiaio d'olio d'oliva extravergine

Procedimento:
In una padella scaldare l'olio d'oliva e aggiungere l'aglio e la cipolla bianca affettata sottilmente.
Adagiare il pesce e sistemarci sopra le fettine di zenzero.
Coprire con la salsa di soya.
Abbassare la fiamma e fare cuocere coperto.
Quando il pesce è cotto, toglierlo dalla pentola, pulirlo, impiattare e irrorare con il fondo di cottura a cui è stato tolto l'aglio e lo zenzero.
Aggiustare eventualmente con il sale solo alla fine della cottura, in quanto la salsa di soya è già salata.

SALSA DI CAPPERI, OLIVE E CORIANDOLO

Ingredienti per 4 persone:
- 2 cucchiai d'olio extravergine d'oliva
- 100 gr di capperi sotto sale
- 200 olive nere snocciolate
- 1 mazzetto di coriandolo fresco
- 1 spicchio d'aglio

Procedimento:
Lavare un piccolo mazzo di coriandolo fresco e tritarlo insieme ad uno spicchio d'aglio. Lavare i capperi in modo da ripulirli dal sale. Passare gli ingredienti al mixer insieme alle olive nere snocciolate. Lasciar colare a filo l'olio d'oliva fino a che il preparato assuma una consistenza spalmabile. Ottimo sul pane di farro o usato per condire le verdure cotte, o spalmato sulle basi per pizza.

SALSA DI CETRIOLI E PEPERONCINI
Per chi può assumere solanacee

Ingredienti per 4 persone:
- 5 cetrioli
- 5 peperoncini verdi piccanti freschi
- 1 piccola cipolla
- 1 spicchio d'aglio
- 2 cucchiai d'olio extravergine d'oliva

Procedimento:
Dopo aver lavato, pulito e tagliato grossolanamente le verdure, sistemarle nel mixer lasciando colare a filo l'olio necessario a trasformare il composto in una crema spalmabile. Ottimo come condimento estivo sulle insalate o spalmato su pane di farro.

SPIEDINI DI FRUTTA

Ingredienti per 4 persone:
- 2 ciliegie
- 2 prugne
- 2 albicocche
- 1 mela
- 1 pesca
- 2 cucchiai di zucchero
- 2 cucchiai d'acqua
- succo di limone

Procedimento:
Lavare e tagliare a pezzetti la frutta, tranne le ciliegie.
Infilare i pezzetti di frutta su uno spiedino di legno.
Preparare il caramello con lo zucchero e qualche goccia di limone a bagno maria, quindi versarlo sopra agli spiedini.

MELE COTTE CON CANNELLA E VANIGLIA

Ingredienti per 4 persone:
- 4 mele
- 1 presa di cannella in polvere
- ¼ di stecca di vaniglia

Procedimento:
È possibile preparare velocemente il dessert con il microonde.
In una terrina sistemare le mele sbucciate e tagliate a piccoli pezzi.
Aggiungere acqua, un pezzetto di baccello di vaniglia e della cannella in polvere.
Coprire con un coperchio idoneo alla cottura a microonde e cuocere per circa 5 minuti alla massima potenza.
A piacere si può servire con un filo di miele.

PESCHE AL FORNO

Ingredienti per 4 persone:
- 4 pesche mature
- 12 mandorle
- una spolverata di cacao amaro
- 1 cucchiaio di miele
- ½ bicchierino di liquore per dolci

Procedimento:
Lavare le pesche, tagliarle a metà togliendo il nocciolo e disporle in una teglia.
Preparare un impasto tritando le mandorle con il mixer; aggiungere il miele e, a piacere, un po' di liquore. Riempire le pesche e metterle in forno a 160°-180° fino a che si sono asciugate. Una volta cotte, spolverizzarle con il cacao amaro.

SORBETTO DI ANGURIA O MELONE

Ingredienti per 4 persone:
- 400 anguria o melone
- 180 zucchero

Procedimento:
Importantissima la scelta del contenitore che deve essere in metallo, basso e di misura consona ad entrare nel freezer. Lo spessore del composto di frutta e zucchero non deve superare 1,5 cm all'interno del contenitore. La quantità dello zucchero dipenderà dalla qualità della frutta e dal gusto. Le quantità di frutta e zucchero sono da intendersi indicativamente.
Frullare il melone o l'anguria con lo zucchero.
Versare il composto in una teglia bassa e riporla nel congelatore.

PICCOLI intolleranti crescono

La luce passa attraverso il bicchiere di Valeria, disegnando un punto luminoso sul fiore stilizzato blu, ricamato a punto croce. Né Valeria, né Cristina sembrano notarlo.

Cucchiaino alla mano, si trovano schierate entrambe di fronte alla stessa vaschetta di gelato panna e cioccolato di soya. Valeria sta dal lato del cioccolato e Cristina della panna di soya. Ciascuna con il proprio cucchiaino affonda un solco leggero che corre lungo tutta la propria parte, a circa 3 centimetri dal confine.

Si specchiano negli occhi scintillanti l'una dell'altra: bronzo nel blu. La legge non scritta degli sguardi ha sancito.

"Mangiamo solo fino alla linea".

Cristina affonda per prima il suo cucchiaino nel velluto morbido, aereo e candido. Si gusta la sua piccola dose di dolce fresco, chiudendo gli occhi. Quando deglutisce ed apre gli occhi, fissa sua figlia.

"Ma tu non ti ricordi niente?" – chiede in tono incredulo.

Valeria resta con il cucchiaino a mezz'aria. Solleva lo sguardo, lo riabbassa, riappoggia il cucchiaino sulla tovaglia.

"Solo scampoli sconnessi: la sala da pranzo dell'asilo con tanti tavolini colorati, disposti a gruppetti, e una suora tutta vestita di verde che, in una cucina enorme, si occupava del mio pranzo "speciale". Mi ricordo di Chiara, che mangiava "speciale" insieme a me".

"Sì, la mitica Suor Eva, che riusciva a mascherare i piatti speciali per non farli apparire troppo differenti da quelli degli altri!" - la interrompe Cristina annuendo.

"Le case dei bambini dove andavo a giocare per i compleanni, la delusione perché alle feste tra le bevande c'erano pochi succhi e tante bibite gassate, che non mi piacevano, indipendentemente dalle intolleranze. E preferivo comunque le torte, le pizze e i dolci che mi preparavi tu perché li potevo mangiare. Non erano poi così male." - ammette Valeria.

Cristina inclina la testa verso sinistra, per accarezzarsi la tempia.

"Lo prendo come un complimento. Una volta ti ho portato ad un test allergologico. Ti ho dato da mangiare un pezzo di pane bianco prima delle prove, come richiesto. Tu hai sgranato gli occhi e mi hai chiesto se avresti potuto mangiare anche domani quella brioche. Ti ho risposto no. Ma ho iniziato ad ingegnarmi per trovarti dei dolci che ti potessero piacere, nonostante tutti i no che ti toccavano."

Per consolarsi Valeria riprende il cucchiaino, lo affonda nella colata fredda di cioccolato e se ne gusta un po', prima di riprendere il discorso.

"E poi alle elementari, arrivavo con la schiscetta." - prende fiato immergendosi nuovamente nel gelato al cioccolato, seguita da sua madre, nel suo lato panna.

"Il suono del tappo di plastica mentre si apriva il contenitore lasciava intravedere il livore della barbabietola, inodore anche se intensamente viola. Mi arrabbiavo sentendo che intorno a me si alzava l'aroma delle tagliatelle al ragù con la carne di maiale, il burro, la pasta all'uovo." – Valeria impugna il cucchiaino e lo scuote per sottolineare il suo pensiero.

"Pensavo che un giorno sarei stata abbastanza grande e forte per mangiarla anch'io. Ma fino ad allora..."

"Cercavi di convincere i tuoi compagni a scambiare i loro piatti con le tue barbabietole"- la interruppe Cristina sorridendo.

Valeria abbassa il cucchiaino: "Sì, non mi andava sempre bene... anzi quasi mai. E poi chi riuscivo a convincere una volta, non ci ricadeva la seconda. Ancora girano i commenti su Facebook sulle mie barbabietole."

"Sì, effettivamente hai dei ricordi vaghi, senza troppa differenziazione di anni e date. In realtà la tua guarigione ha coperto un lungo arco di tempo. Diciamo che nell'adolescenza eri già fuori pericolo, fortunatamente perché proprio in quel periodo iniziano le eccezioni alimentari." – Cristina ondeggia il cucchiaino a sottolineare il filo della memoria.

"Ma da piccola non facevo eccezioni e non disubbidivo mai?" – chiede Valeria incredula.

"Fino agli 8 anni è filato tutto liscio: tu sapevi quali cibi potevi mangiare e quali erano veleno per te. Dopo gli 8 anni le amicizie hanno assunto sempre più importanza, fino a raggiungere il culmine nell'adolescenza, quando l'essere come gli altri corrisponde all'essere accettati.
E qui bisogna tollerare certi "sgarri" all'alimentazione senza per questo rinunciare a mantenere un'alimentazione sana a casa.
A casa tua nessuno vede cosa mangi e quindi nessuno ti giudica." – Cristina fissa i suoi occhi azzurri in quelli bronzo di Valeria.

"Sì, lo so, stai pensando alle verdure lesse incartate nella pellicola di

alluminio che nascondevo negli armadi e poi ammuffivano." - Valeria affonda lo sguardo ed il cucchiaino nel gelato.

"Ecco infatti. È bastato aspettare che i foruncoli si manifestassero per riproporre una maggiore attenzione a quello che si mangia.
Alle volte un po' di mal di pancia è più convincente di molte parole, così come un pantalone stretto e un fidanzato in arrivo." - Cristina dà un buffetto sulla guancia alla figlia.

"Hai avuto pazienza: dagli 8 anni al fidanzato in arrivo ne sono passati 12!" - Valeria risponde prendendosi il buffetto.

"Ma vuoi mettere quanto è bello attendere che fiorisca quello che hai seminato... superata l'età critica, si ricordano gli insegnamenti, come se si ripescassero da un luogo lontano, con il piacere di riscoprirli.

"Perfino le versioni di latino ti hanno suggerito nuove ricette" - Cristina si rigetta nella panna di soya.

Valeria brandendo il cucchiano a mezz'aria annuisce:
"È vero, in una versione di Catone in quinta ginnasio ho trovato la descrizione di una torta che poi abbiamo elaborato fino a farla diventare piacevole anche per noi, 2 millenni dopo!"

Catone, De agri cultura LXXV

"*Libum hoc modo facito. Casei P. II bene disterat in mortario. Ubi bene distriverit, farinae siligineae libram aut, si voles tenerius esse, selibram similaginis eodem indito permiscetoque cum caseo bene. Ovum unum addito et una permisceto bene. Inde panem facito, folia subdito, in foco caldo sub testu coquito leniter.*" che tradotto
suona più o meno così:

"Trita in un mortaio 1 kg di formaggio di pecora; dopo averlo ben tritato, aggiungerai mescolando 500 g di farina o, se vuoi sia più soffice, soltanto 250 g di farina; aggiungerai un uovo e mescolerai bene. Poi formerai il pane; metterai sotto il pane alcune foglie di alloro; lo cucinerai lentamente su fuoco caldo coprendolo con un coperchio."

Cristina socchiude gli occhi sorridendo:

"Sarà un caso che hai studiato lettere classiche per la maggior parte della tua vita?"

http://www.bibliolab.it/I%20Romani%20a%20tavola/ricette%20di%20Catone.htm

PASTA E FAGIOLI DI SUOR EVA
Per chi può assumere solanacee e formaggio di pecora

Ingredienti per 4 persone:
- 250 gr di fagioli secchi
- 1 cucchiaino di preparato per brodo vegetale
- 4 patate
- 1 cipolla
- 1 spicchio d'aglio
- 250 gr di pasta di farro in piccolo formato, tipo ditalini
- pecorino grattugiato (facoltativo)
- 2 cucchiai d'olio extravergine d'oliva
- sale

Questa ricetta mi piace riportarla come scritta nel piccolo libricino di Suor Eva che conservo ancora:
"I fagioli mondati e lavati dovranno restare a mollo, in acqua tiepida per 24 ore. Prima di cucinarli è opportuno lavarli in acqua corrente. La cottura dovrà avvenire in acqua non salata. Separatamente, verranno lessate le patate. In acqua fredda dovranno, quindi, essere immessi olio, preparato per brodo, cipolle finemente tritate e aglio. Prima dell'ebollizione, aggiunger i fagioli, metà dei quali saranno stati precedentemente passati insieme alle patate. Portare il tutto a ebollizione e, all'atto di gettare la pasta, correggere eventualmente col sale. Poco prima di servire aggiungere burro e parmigiano."

Naturalmente il burro sarà sostituito dal più sano olio extravergine d'oliva, e il formaggio, se possibile, sarà sostituito con quello di pecora, ma di questo se ne può fare a meno: il piatto non perderà di gusto.

ZUPPA DI RAPE

Ingredienti per 4 persone:
- 8 rape
- 2 litri d'acqua
- maggiorana
- timo
- 2 cucchiai d'olio extravergine d'oliva
- sale

Procedimento:
Pulire le rape e affettarle.
Sistemarle in una pentola con acqua e sale.
Cuocere per circa 25 minuti, passare al mixer ed aggiungere maggiorana e timo.
Condire nel piatto con un filo d'olio.
Decorare, eventualmente, con crostini di pane kamut o fiocchi d'avena.

CREMA DI SEDANO

Ingredienti per 4 persone:
- 1 sedano intero
- 300 gr di riso per minestre
- 200 gr di panna di soya
- 1 litro d'acqua
- sale

Procedimento:
Pulire e lavare il sedano togliendo le foglie.
Tagliarlo a pezzi e metterlo in una pentola con l'acqua e il sale.
Quando l'acqua bolle, buttare il riso e farlo cuocere.
A cottura ultimata, passare la minestra al mixer ed aggiungere la panna di soya.

ZUPPA DI LENTICCHIE ROSSE

Ingredienti per 4 persone:
- 1 tazza di lenticchie rosse
- 1 litro di brodo di verdure
- 2 cipolle
- prezzemolo
- 2 cucchiai di olio extravergine d'oliva
- sale

Procedimento:
Fare un battuto di cipolle e rosolarle nell'olio.
Aggiungere le lenticchie lavate e il brodo.
Cuocere per circa 30 minuti.
Passare la minestra al mixer e aggiungere del prezzemolo tritato.
Aggiustare di sale.
Servire la minestra con fiocchi d'avena o con crostini di pane di kamut.

PASTA AL FARRO CON SUGO DI VERDURE

Ingredienti per 4 persone
- 320 gr di pasta al farro
- 1 busta di minestrone surgelato da 500 gr
- 1 spicchio d'aglio
- prezzemolo tritato
- 2 cucchiai d'olio extravergine d'oliva
- sale
- pepe

Procedimento:
Per la preparazione del sugo è sufficiente una busta di minestrone surgelato. In commercio esistono diverse tipologie di minestrone surgelato: alcune di queste "light" non hanno patate, altre non hanno i legumi. Ad ogni modo è possibile, molto facilmente, togliere i pezzi di verdura che non possiamo assumere, sfruttando il fatto che il prodotto si presenta surgelato.
In una pentola sistemare l'olio e lo spicchio d'aglio, aggiungere il minestrone ancora surgelato e, mescolando, lasciarlo cuocere. Aggiustare con il sale e il pepe.
A piacere è possibile lasciare il sugo a pezzi o passarlo al mixer, tutto o in parte. Una volta cotta la pasta, condirla con il sugo, aggiungere il prezzemolo tritato ed irrorare con un filo d'olio a crudo.

TORTA CATONE
Per chi può assumere il formaggio di capra e l'uovo

Ingredienti per 6 persone:
- 300 gr di farina di farro
- 400 gr di formaggio feta
- 150 gr di miele
- 1 albume

Schiacciare con una forchetta il formaggio feta e miscelarlo con il miele.
In una terrina sistemare la farina e aggiungere il composto.
Amalgamare con un bianco d'uovo montato a neve.
Cuocere in forno 180° per circa 45 minuti.
Servire tiepido.

QUADRATINI DI FIOCCHI D'AVENA

Ingredienti per 4 persone:
- 200 gr di fiocchi d'avena
- 100 gr di albicocche secche
- 50 gr di mandorle tritate
- 50 gr di uvetta sultanina
- latte di soya quanto basta
- cacao amaro

Procedimento:
Versare i fiocchi d'avena in una ciotola, bagnarli con il latte di soya e lasciarli gonfiare.
Unire l'uvetta, le albicocche tagliate a pezzetti e le mandorle a pezzetti.
Mescolare bene il composto, disporlo in una teglia rettangolare e infornare per 40 minuti a 180°.
Tagliare a quadrati e servire spolverizzando con cacao amaro.

Esiste una versione meno "light" che frigge il composto a cucchiaiate in olio d'oliva.
Da provare!

PLATANO FRITTO

Ingredienti per 4 persone:
- 4 platano (piccole banane verdi originarie del Sud America)
- olio extra vergine d'oliva per friggere

Sbucciare il platano e tagliarlo a rondelle.
Scaldare l'olio in una padella, una volta giunto a temperatura, gettarvi le rondelle. Scolare a cottura ultimata su fogli di carta assorbente.

MARMELLATA DI CAROTE

Ingredienti per 6 persone:
- 1 kg di carote
- 4 limoni
- 1 kg di zucchero
- 1 foglia di menta per ogni barattolo

Procedimento:
Pulire e grattugiare le carote. In una pentola antiaderente sistemare metà delle carote con il succo dei limoni, aggiungere metà dello zucchero e un po' d'acqua. Cominciare la cottura, mescolando. Dopo circa 10 minuti unire le carote rimaste e il resto dello zucchero aggiungendo ancora un po' d'acqua. A piacere unire alla fine qualche fogliolina di menta.
Una volta preparata la marmellata, va sistemata nei vasi di conserva e fatta sterilizzare a bagnomaria, fino a quando si effettua il vuoto, annunciato da un rientramento del coperchio.

Si conserva a lungo. Può essere usata per fare dei dolci o per la colazione spalmata su una fetta di pane di segale, ma è anche buona come accompagnamento alle carni.

GELATINA DI LIMONE

Ingredienti per 4 persone:
- 300 gr di zucchero
- 50 gr di fecola di maizena diluita in un bicchiere d'acqua
- il succo di 4 limoni
- la scorza grattugiata di un limone
- 750 ml d'acqua

Procedimento:
Mettere in una casseruola, l'acqua, il succo dei limoni, la scorza grattugiata del limone e lo zucchero.
Fate bollire per 10 minuti.
Aggiungere la maizena diluite in acqua.
Togliere dal fuoco quando il composto comincia a prendere consistenza e distribuirlo in 4 coppette, guarnendo con una foglia fresca di menta.
La stessa ricetta può essere eseguita con il succo d'arancia.

SCHIACCIATA CON L'UVA

Ingredienti per 6 persone:
- 350 gr di farina di grano kamut
- 1 cucchiaino di bicarbonato di sodio
- 4 + 4 cucchiai di zucchero
- 1 kg di uva piccola nera e bianca, tipo moscato
- 4 cucchiai d'olio d'oliva extravergine

Procedimento:
Setacciare la farina e unirla allo zucchero e all'olio. Aggiungere il bicarbonato. La pasta deve risultare liscia ed elastica, se necessario aggiustare con dell'acqua.
Stendere grossolanamente la pasta in una teglia.
Sgranare l'uva e distribuirne la metà sulla pasta; aggiungere 2 cucchiai d'olio e 2 cucchiai di zucchero.
Richiudere la pasta, guarnire con i rimanenti acini d'uva e il resto dello zucchero. Irrorare con altri 2 cucchiai d'olio prima di infornare a 180° per 45 minuti.

TORTA DI MELE DELLA ZIA VANNA – prima versione
Per chi può assumere l'uovo

Ingredienti per 6 persone:
- 175 gr di zucchero
- 80 gr di albume d'uovo
- 750 gr di mele sbucciate
- 125 gr di farina di kamut
- succo di limone
- sale
- cannella in polvere

Procedimento:
Lavare, pulire e affettare le mele sottilmente, spruzzarle con il limone in modo che non anneriscano.
Alla farina di kamut aggiungere un pizzico di sale e di cannella in polvere. Montare gli albumi con lo zucchero e unirli al composto. Aggiungere le mele. Cuocere in forno a 180° per 35-40 minuti.

TORTA DI MELE DELLA ZIA VANNA – seconda versione

Ingredienti per 6 persone:
- 20 gr di pinoli
- 720 gr di mele intere
- succo di limone
- 100 gr di farina d'avena
- 132 gr di latte di soya
- 50 gr di uvetta
- cannella in polvere
- sale

Procedimento:
Ammollare l'uvetta nel latte di soya. Lavare, pulire e affettare le mele sottilmente, spruzzarle con il limone in modo che non anneriscano. Alla farina d'avena aggiungere un pizzico di sale, i pinoli, l'uvetta e la cannella in polvere. Aggiungere le mele. Cuocere in forno a 180° per 35-40 minuti.

Il budino di maizena è un ricordo della mia infanzia quando mia madre lo preparava e lo serviva in grosse tazze a colazione. La ricetta originale era fatta per la convalescenza dei bimbi: si aggiungeva alla fine della cottura il rosso d'uovo che dava anche il colore al budino.
Gli ingredienti sono cambiati, ma la sorpresa in fondo alla tazza è rimasta e ogni volta la sorpresa era diversa: un pezzo di cioccolato, un biscotto speciale, una granella di nocciole o mandorle, o zuccherini colorati.

BUDINO DI MAIZENA

Ingredienti per 4 persone:
- 500 ml di latte di riso
- 5 cucchiai di zucchero
- 3 cucchiai di maizena
- cannella, vaniglia o cacao amaro (facoltativi)

Procedimento:
Scaldare il latte, aggiungere lo zucchero, di volta in volta, cannella o vaniglia o cacao amaro. Versare piano piano la maizena, mescolando in modo che non faccia grumi. Continuare a mescolare finché il composto inizia ad addensarsi. Ottimo sia caldo che freddo.

BUDINO DI LATTE DI MANDORLA

Ingredienti per 4 persone:
- 500 ml di latte di mandorla
- 5 cucchiai di zucchero
- 3 cucchiai di maizena

Procedimento:
Questo budino si può accompagnare ad un altro dolce di fine estate: le pesche al forno preparato con le pesche tardive (v. pagina 63).
Scaldare il latte, aggiungere lo zucchero. Versare piano piano la maizena, mescolando in modo che non faccia grumi. Continuare a mescolare finché il composto inizia ad addensarsi. Ottimo sia caldo che freddo.

BUDINO DELLA TRADIZIONE PERSIANA

Ingredienti per 4 persone:
- 250 gr di riso a crudo
- 1 bustina di zafferano
- 300 gr di zucchero
- ½ bicchiere di acqua di rose alimentare
- 1 seme di cardamomo
- 1 noce di ghee (*burro chiarificato* v. pagina 115)
- 50 gr di mandorle pelate
- cannella in polvere

Procedimento:
Mettere il riso in una pentola, coprirlo di acqua fredda e portare ad ebollizione.
Unire lo zucchero, lo zafferano, il seme di cardamomo aperto, il ghee, lasciare sobbollire per circa 30 minuti, mescolando spesso e diluendo con un po' d'acqua fredda ogni volta che si addensa. Profumare con l'acqua di rose, Versare nel piatto e decorare con cannella in polvere e mandorle tritate. Lasciare riposare in frigorifero qualche ora prima di servire.

MERINGATA ALL'AMARENA O ALLA VANIGLIA E CIOCCOLATO
Per chi può assumere l'uovo

Ingredienti per 6 persone:
- 500 gr di meringhe
- 500 gr di gelato di soya o all'amarena, o alla vaniglia e cioccolato

Procedimento:
Sbriciolare alcune meringhe e sistemarle in una teglia di acciaio apribile, in modo da preparare un fondo.
Aggiungere altre meringhe sbriciolate al gelato di soya.
Disporre il gelato di soya, mantecato con le meringhe, a strato sopra le meringhe sbriciolate.
La versione con il solo gelato di soya al cioccolato viene perfetta se a questo si aggiunge il gusto alla vaniglia di soya in una sorta di variegato.
Mettere la teglia nel congelatore e lasciare riposare per una notte. Quando sarà il momento di servire il dolce, decorare la meringata con piccole meringhe colorate.

Decorazioni:
Se si usa il gelato all'amarena sono di sicuro effetto le meringhe rosa; impiattare il dolce con una piccola pozzanghera di sciroppo all'amarena e una fogliolina di menta.
Se si usa vaniglia e cioccolato si può arricchire la meringata con piccoli pezzi di cioccolato fondente e impiattarlo con del cioccolato fondente fuso oppure con frutti di bosco.

TORTINI LIGHT VELOCISSIMI

Ingredienti per 4 persone:
- 1 banana
- 1 mela
- 25 gr d'uvetta sultanina
- 1 cucchiaino di cacao amaro
- 50 ml di liquore dolce
- 100 gr di farina di kamut

Procedimento:
Schiacciare la banana con una forchetta.
Sbucciare la mela, tagliarla a pezzetti e con una forchetta schiacciarla.
Ammollare l'uvetta nel liquore.
Mescolare la frutta e aggiungere il cucchiaino di cacao amaro.
Aggiungere il tutto alla farina di grano kamut, mescolare bene e unire l'uvetta con il liquore che non è stato assorbito.
Mescolare velocemente, distribuire in 4 stampini di circa 10 cm di diametro e infornare per circa 20 minuti a 180°.
Sono la soluzione ideale per risolvere una merenda con gli amici all'ultimo minuto.

CAPRESE AL LIMONE
Per chi può assumere l'uovo

Ingredienti per 4 persone:
- 3 tuorli
- 3 uova intere
- 100 gr di zucchero a velo
- 200 gr di mandorle in polvere
- 3 cucchiai di maizena
- pezzetti di cioccolato fondente
- 100 gr di limone candito
- 100 ml di olio extravergine d'oliva

Procedimento:
Montare i tuorli d'uovo con l'olio d'oliva e lasciar riposare in frigorifero per 30 minuti.
Miscelare in una terrina lo zucchero a velo, le mandorle in polvere, la maizena, i pezzetti di cioccolato, i limoni canditi.
Montare le 3 uova intere.
Nell'ordine unire al composto della terrina prima i tuorli montati con l'olio, e poi le uova montate.
Infornare a 170° per circa 35 minuti.
Servire con una marmellata di limoni o dei frutti di bosco.

TORTA ALLA VERDI
Per chi può assumere l'uovo

Ingredienti per 6 persone:
- 600 gr di carote
- 150 gr di mandorle
- 3 uova
- 200 gr di zucchero
- un bicchierino di rhum

Procedimento:
Pulire le carote e ridurle a julienne. Aggiungere le mandorle tritate, mescolare bene.
Aggiungere i rossi d'uovo.
Montare gli albumi a neve e unirli all'impasto mescolando delicatamente in modo che non smontino.
Aggiungere lo zucchero e il rhum.
Versare in una teglia e infornare per 40 minuti a 160°.
Il dolce è pronto quando la superficie si imbrunisce.

TORTINI DI MIRTILLO
Per chi può assumere l'uovo

Ingredienti per 6 persone:
- 50 gr di zucchero di canna
- 50 gr di mandorle sbucciate
- 200 gr di farina di farro
- 50 gr di malto d'orzo
- 2 uova
- 100 gr di marmellata di mirtilli
- 1 cucchiaino di cannella in polvere
- 1 cucchiaino di chiodi di garofano in polvere
- sale

Procedimento:
Aggiungere allo zucchero di canna e al malto d'orzo le spezie in polvere.
Aggiungere alla miscela di zucchero e spezie, la farina di farro, le mandorle, i rossi di 2 uova e la marmellata di mirtilli. Montare gli albumi di due uova a neve con un pizzico di sale e unirle da ultimo all'impasto. Mettere in forno dividendo il composto in 6 stampini mono porzione. Cuocere in forno pre-riscaldato a 180° per circa 25 minuti.

TORTINI DI BANANE

Ingredienti per 6 persone:
- 330 gr di banane
- 3 cucchiai di cacao amaro
- 14 gr di pinoli
- 175 ml di succo d'ananas
- 200 gr di farina di farro
- 35 gr di uvetta
- 3 semi di cardamomo
- 2 cucchiai di olio extravergine d'oliva

Procedimento:
Schiacciare le banane ed incorporarle alla farina di farro. Aggiungere il succo di frutta, l'uvetta ammollata, i pinoli e l'olio. Aggiungere i semi di cardamomo aperti. Mettere in forno dividendo il composto in 6 stampini monoporzione. Cuocere in forno pre-riscaldato a 180° per circa 25 minuti. Servire spolverizzando di cacao amaro.

TORTA DI COCCO E CARDAMOMO
Per chi può assumere l'uovo

Ingredienti per 6 persone
- 100 gr di farina di riso
- 50 gr di uvetta
- 100 gr di latte di soya
- 160 gr di farina di farro
- 10 gr di cacao amaro in polvere
- 67 gr di cocco essiccato
- 1 uovo
- 200 ml di vino dolce o liquore per dolci
- 3 semi di cardamomo
- sale, un pizzico

Procedimento:
Ammollare l'uvetta nel liquore. Miscelare la farina di riso con la farina di farro, aggiungere il pizzico di sale, il cocco e il cacao amaro, i semi di cardamomo aperti. Aggiungere l'uvetta ammollata, il liquore, il latte di soya e mescolare bene. Incorporare il tuorlo d'uovo, montare a neve l'albume, unendolo delicatamente all'impasto. Versare il composto in uno stampo in silicone, facendo attenzione a non smontarlo. Cuocere in forno pre-riscaldato a 180° per 20 minuti.

PLUM CAKE LIGHT

Ingredienti per 6 persone:
- 50 gr di mandorle
- 60 gr di frutta candita
- 110 gr di farina di riso
- 170 gr di farina di kamut
- 70 gr di uvetta
- 200 gr di succo d'arancia
- 60 gr di liquore per dolci
- una puntina di bicarbonato
- 2 cucchiai di olio extravergine d'oliva
- sale

Procedimento:
Ammorbidire l'uvetta nel liquore. Alla farina di riso aggiungere un pizzico di sale, il bicarbonato, il succo d'arancia e l'olio d'oliva, la frutta candita a pezzetti e le mandorle spezzettate.
In forno preriscaldato a 180° cuocere per circa 40 minuti.

PLUM CAKE ALLA MANDORLA

Ingredienti per 6 persone:
- 500 ml di latte di mandorle
- 55 gr di mandorle senza guscio
- 2 cucchiai di olio extravergine d'oliva
- 80 gr di farina di kamut
- 115 gr di farina di riso
- 80 gr di liquore per dolci
- 80 gr di uvetta
- una puntina di bicarbonato

Procedimento:
Ammollare l'uvetta nel liquore. Nel latte di mandorle versare la farina di riso e quella di kamut. Mescolare. Aggiungere le mandorle tritate, l'uvetta e il liquore rimasto. Aggiungere un cucchiaio d'olio d'oliva. Versare il composto in uno stampo in silicone porzionato in fette. In forno preriscaldato a 200° cuocere per 40 minuti.

PIZZA ALLA FINTA NUTELLA

Ingredienti per 4 persone:
- 1 base di pizza di kamut o di farro
- 200 gr di nocciole
- 250 gr di cioccolato fondente
- panna di soya quanto basta

Procedimento:
Tritare le nocciole nel mixer. A bagnomaria far fondere il cioccolato fondente, aggiungere le nocciole e un po' di panna di soya per rendere il composto più spalmabile. Versare tutto sulla base per pizza e passare in forno per 5 minuti.

L'India e la pagina dei ricordi

Il solco è stato raggiunto sia sul lato panna che cioccolato. I cucchiaini sono appoggiati ciascuno su un tovagliolo di carta, accanto alla vaschetta di gelato.

Un tonfo seguito da un miagolio cosmico provoca un'univoca invocazione:

"Ares!" – esclamano Valeria e Cristina insieme.

Un soriano dalla pancia paffuta e le striature prominenti è appena atterrato conficcando i dieci artigli nel tappeto, in picchiata dalla libreria. Mugugnando si accoccola sulla poltrona più grande del salotto, lasciando dietro di sé una scia di libri scomposti e semi aperti.

"Ma da quanto sei lì?" – chiede Valeria iniziando a raccattare i libri.

Ares la fissa, socchiude gli occhi e appoggia il mento sulle zampette anteriori.

Cristina scuote la testa ritappando la vaschetta di gelato. Si incammina verso la cucina.

"Fa sempre così. Sta nascosto e poi quando si annoia piomba seminando il panico." - borbotta aprendo il freezer e riponendo il gelato.

"Mamma, guarda" – la richiama in sala Valeria.

Cristina getta i cucchiaini nell'acquaio e torna in sala leccandosi il polpastrello del dito indice che portava ancora un'ombra di panna di soya.

Valeria le mostra una locandina sui toni del rosso bruciato.

Cristina la prende in mano, tastando la carta lucida e spessa. Poi si dirige verso la poltrona, infila le dita nel pelo fitto e morbido, ottenendo mugolii indistinti. Prende in braccio Ares e si siede.

"È la mia mostra di dipinti Mandala, di un po' di anni fa. Prima che andassi in India." – accarezza nuovamente Ares che sbadiglia e si accoccola sulle ginocchia di Cristina.

Anche Valeria si accomoda sul divano.

"Quando sei tornata dall'India non ti si teneva: parlavi dell'India, cucinavi solo indiano e facevi più yoga del solito, che già..." – Valeria muove il braccio ad evocare un flusso ciclico e costante di posizioni sul tappetino.

"L'India rappresenta molto, per lo yoga, per quello che vedi, per la gente che incontri. Scopri che cambiare prospettiva e priorità non è così fuori luogo. Scoprire come nasce il curry, riprendersi dal caldo con un infuso speziato, cambia le abitudini anche in cucina ."

"Si scorge il profilo delle mura della vecchia città, qualche luce, poca, da probabili finestre. Una donna incinta esce nel vicolo: ha un contenitore sulla testa. Gran vento, caldo in alcuni soffi, fresco in altri. Arriva un uomo: ha una gamba sola, cammina sostenuto dalle stampelle. Il rumore sul selciato di pietra risuona. Percorre il vicolo e sparisce.
Poi di nuovo, uno strano ritmo e un suono diverso. L'uomo zoppo torna, davanti a lui la sua mucca batte il selciato con gli zoccoli. Il cielo piano, piano rischiara.

Altre mucche bianche arrivano in strada. Come sculture di marmo bianco dove l'artista ha voluto marcare, segnare lo scheletro e la scarsa muscolatura dell'animale. E poi, man mano che la luce si fa, sui tetti l'occhio comincia a individuare sagome racchiuse in teli.
Come in una resurrezione a uno a uno, nel silenzio, sciolgono i sudari e i corpi silenziosi si alzano da terra. Si guardano attorno: è giorno. Un uomo seduto guarda il cielo davanti a sé e fa un gesto di preghiera, poi abbassa lo sguardo verso il fagotto che gli è accanto. La mano tocca con un gesto delicato l'involucro: un corpo si gira silenziosamente e un bambino si sveglia. Senza dire una parola si alzano e insieme piegano il telo che li ha avvolti per tutta la notte. I tetti di queste case sono pieni di gente che dorme e si sta svegliando. Silenziosamente, ne nasce come una danza.
Sono le 5.30 di un nuovo mattino.
Maiali grigi con chiazze nere, ispidi solo a vederli, zampettano e attraversano la via. E poi i cani, tanti cani senza padrone. Per ultimi gli uccelli, si posano sui muri e mangiano chicchi di cibo arrivato con il vento. Gli uomini si lavano senza acqua, ripuliscono i loro corpi dall'interno: i polmoni buttano fuori tutto quello che hanno respirato nella notte e nella giornata precedente. Una donna si lava i denti al balcone e sputa verso la strada. La pulizia è una cosa da fare insieme. Gli uomini si vestono: camicie dalle maniche lunghe sono lentamente infilate. I latrati dei cani aumentano, ognuno di loro lotta per procurarsi del cibo tra l'immondizia: si rincorrono si attaccano. Un neonato piange la sua fame. Un bambino vestito con la sua divisa, sbuca in strada: va a scuola.

Sono le 6.00
Le donne sono macchie colorate nella città di sabbia. I rossi, gli arancioni, i rosa dei loro sari sono i contrasti della città: la bellezza del fiore di loto che nasce dal fango.
Bambini e ragazzi spuntano da improbabili case: vestiti in maniera impeccabile nelle loro divise con cartelle splendenti. La città è ormai sveglia: si sente lo strombazzare continuo delle macchine, il grattare dei moto risciò. Il neonato continua a piangere. Qualcuno batte i tappeti o le stuoie: un altro ritmo. Altri bambini e bambine arrivano, di quelli che non vanno a scuola ma vivono tra turisti e immondizia, cercando bottiglie di plastica da riempire di acqua malsana. Il neonato non piange più, una capretta bela e gli rifà il verso.
Odore di sigaretta.
Suoneria di cellulare."*

Testo presentato ad un concorso on line del Corriere Viaggi

I grani di mung sono legumi gialli che si trovano facilmente nei negozi di granaglie. Si possono sostituire con piselli secchi, soya gialla o verde.

MUNG DAL
Per chi può assumere solanacee

Ingredienti per 6 persone:
- 1 tazza di legumi
- 7 tazze d'acqua
- 1 tazza di pomodori tagliati
- 1 zucchina media tagliata a dadini
- 5 cucchiai di ghee (*burro chiarificato* v. pagina 115) sostituibile con olio extravergine d'oliva
- ½ cucchiaino di zenzero tritato
- 1 e ½ cucchiaino di semi di cumino
- 1 cucchiaio di senape
- 1 peperoncino verde tritato
- 1 cucchiaino e mezzo di curcuma
- 1 cucchiaino di sale
- foglie fresche di coriandolo per guarnire

Procedimento:
Mettere in una capace casseruola 3 cucchiai di ghee, la curcuma, i legumi.
Soffriggere per 30 secondi, aggiungere le verdure e soffriggere per un altro minuto.
Unire acqua, sale, peperoncino fresco, zenzero tritato e portare ad ebollizione.
Coprire, abbassare la fiamma e lasciare cuocere il dal per un'ora o fino a quando i legumi non si sono completamente spappolati in una crema densa. In un tegamino versare il rimanente ghee, scaldarlo e aggiungere i semi di cumino e di senape: quando il composto comincia a scoppiettare versarlo nella casseruola del dal.
Guarnire con foglie di coriandolo fresco.
Servire caldo.

IL CURRY

Il curry è una miscela di spezie. Ci sono diverse ricette per la preparazione del curry.
Io ho la mia: l'ho imparata da una ricetta della cugina Michela.

- 5 gr di cannella
- 15 semi di cardamomo
- 3 gr di chiodi di garofano
- 2 gr di pepe
- poca noce moscata
- 1 lamella di macis

CURRY DI CARNE

Ingredienti per 6 persone:
- 600 gr di carne a pezzetti a scelta tra pollo, agnello o manzo
- 2 cipolle
- aglio
- 1 lt di brodo o acqua salata
- 1 pezzetto di cannella - 5cm -
- 10 chiodi di garofano
- 15 granelli di pepe
- 4 semi di cardamomo
- 4 foglie di alloro spezzettate
- 1 bicchiere di yogurt (facoltativo)
- 2 cucchiai olio extravergine d'oliva
- sale

Procedimento:
Mettere in un tegame poco olio, scaldarlo bene ed aggiungere 2 cipolle tritate.
Dorare e aggiungere 1 cucchiaino d'aglio tritato.
Friggere, aggiungendo ogni tanto qualche cucchiaino d'acqua per tenerlo umido. Ripetere 3-4 volte. Mettere nella padella la cannella, i chiodi di garofano, i granelli di pepe, i semi di cardamomo, le foglie di alloro e la carne.
Soffriggere per 5-6 minuti, aggiustare di sale e aggiungere un litro di brodo o acqua salata.
Portare a bollore e poi cuocere a fuoco lento fino a cottura completa.
Togliere il coperchio e far asciugare bene.
Quando è ben ridotto aggiungere un bicchiere di yogurt e ½ cucchiaino di polvere di curry. Tirare bene e togliere dal fuoco.
Lo yogurt può considerarsi facoltativo oppure può essere sostituito da quello di soya.

CURRY DI VERDURE
Per chi può assumere solanacee

Ingredienti per 6 persone:
- 200 gr di fagiolini
- 30 cipolline intere
- 7 carote, tagliate per il lungo e in 4 listerelle
- 4 peperoni
- 200 gr di piselli
- 2 cipolle affettate
- 1 cucchiaino e mezzo d'aglio tritato
- 16 pomodori tipo San Marzano
- 1 cucchiaino di curcuma in polvere
- pasta di coriandolo – polvere di coriandolo diluita in poca acqua -
- 5 cucchiai d'olio extravergine d'oliva

Procedimento:
Friggere in una padella 5 cucchiai d'olio d'oliva con cipolla affettata, l'aglio tritato e la curcuma.
Quando attacca sul fondo, aggiungere poca acqua e far evaporare.
Aggiungere 5 cucchiai di pasta di coriandolo e i pomodori tagliuzzati. Far ridurre il liquido di cottura nuovamente e aggiungere i fagiolini e le carote, aggiustare di sale e cuocere per 15 minuti.
Aggiungere acqua e le cipolline. Far evaporare di nuovo.
Aggiungere ancora acqua calda e portare a bollore e lasciar cuocere le verdure. Aggiungere i peperoni e far asciugare, aggiungere i piselli. Quando tutte le verdure saranno cotte aggiungere la polvere di curry.

Questa è la ricetta originale, ma come ho imparato è possibile cambiare le verdure e anche eliminare il pomodoro semplicemente aggiustando con un po' più d'acqua.
Provate con le cimette di cavolfiore, i broccoletti di bruxelles, i finocchi prelessati o le zucchine tagliate a listarelle.
Naturalmente per fare in fretta si possono lessare anticipatamente e parzialmente le verdure.

KORMA PILAW – riso all'indiana

Ingredienti per 4 persone:
- 320 gr riso basmati
- il doppio del volume d'acqua
- un pezzetto di cannella di 10 cm
- 10 chiodi di garofano
- 15 granelli di pepe
- 5 semi di cardamomo
- 2 fogli di alloro a pezzetti
- 2 cucchiaini di semi di carvi
- 1 cipolla
- 2 cucchiai d'olio extravergine d'oliva
- sale

Procedimento:
Cuocere il riso basmati con il doppio del volume d'acqua salata per 10 minuti coperto.
In una padella rosolare una cipolla tagliata sottilmente nell'olio d'oliva.
Quindi aggiungere le spezie, e successivamente aggiungere il riso, mescolare e far saltare.
Volendo, si può versare il riso in una teglia da forno aggiungere al centro il curry di verdure o di carne e finire la cottura in forno.

RISO ALL'INDIANA A MODO MIO

Ingredienti per 4 persone:
- 225 gr di riso basmati
- 1 cucchiaio di mandorle spezzettate
- 2 anici stellati
- ½ cucchiaio di semi di finocchio
- ½ cucchiaio di cumino
- un pezzetto di cannella di 5 cm
- 2 cardamomo nero o 3 cardamomo verdi
- 4 chiodi di garofano
- 2 foglie di alloro
- 2 cucchiai di olio extravergine d'oliva o 2 cucchiaini di ghee (*burro chiarificato* v. pagina 115)

Procedimento:
Il riso basmati viene cotto in acqua salata nella proporzione di 1 volume di riso e 2 di acqua.
Cuocere circa 10 minuti coperto. Mantenere coperto ancora per circa 5 minuti dopo la cottura, in modo da assorbire tutta l'acqua eventualmente rimasta. Non serve scolare.
In una padella versare l'olio e le spezie soffriggendole per circa 1 minuto. Versare il riso e farlo saltare.
Aggiungere le mandorle, mescolare e servire.

Il riso, in questo caso, è un riso di accompagnamento, ciò non toglie che a casa mia piace molto e si mangia anche da solo.

RISOTTO HARE KRISNA

Ingredienti per 4 persone:
- 300 gr di riso per risotti
- 2 volumi di acqua per ogni volume di riso
- 1 cipolla
- 2 foglie di alloro
- ½ cucchiaino di semi di cumino
- ½ cucchiaino di semi di coriandolo in polvere
- 1 bastoncino di cannella
- ½ cucchiaino di curcuma in polvere
- il succo di 2 limoni
- coriandolo fresco
- 2 cucchiai d'olio extravergine d'oliva
- sale

Questa ricetta è una variante di un riso indiano che ho elaborato per i nonni il cui gusto non riusciva ad accettare sapori così diversi.

Procedimento:
In una pentola per risotti mettere l'olio d'oliva e la cipolla affettata. Far soffriggere ed aggiungere le spezie: prima il cumino e la cannella e poi le altre.
Aggiungere il riso e farlo saltare nella pentola; quindi aggiungere l'acqua salata e cuocere.
A metà cottura aggiungere il succo dei limoni. A fine cottura aggiungere il coriandolo fresco.

THE DI ZENZERO

Ingredienti per 2 persone:
- 500 ml di acqua
- radice di zenzero di 4 cm
- 1 limone

Procedimento:
Riempire un pentolino con l'acqua e la radice di zenzero fresca tagliata a pezzetti.
Far bollire per 3-4 minuti a fuoco basso e con il coperchio.
Nella teiera spremere il limone e aggiungere l'infuso di zenzero filtrato.
Servire.

INFUSO INDIANO

Ingredienti per 4 persone:
- 600 ml d'acqua
- 1 stecca di cannella
- 5 semi di cardamomo
- 5 chiodi di garofano
- 1 pizzico di zafferano

Procedimento:
All'acqua aggiungere le spezie, lasciar bollire per circa 5 minuti, filtrare e gustare.

IL BURRO CHIARIFICATO O GHEE

Un discorso a parte merita il burro chiarificato, detto anche ghee, che può costituire un primo passo verso la tolleranza in quanto per la differente preparazione viene tollerato meglio del burro. Il ghee è importante anche per le sue qualità mediche: infatti è usato nella medicina Ayurvedica.

Qualità del ghee:
Gustoso.
Stimolante per la digestione.
Sostiene lo splendore e la bellezza.
Aumenta l'energia e la memoria.
Protegge il corpo dalle malattie.
Purifica l'organismo dalle scorie.
Rende le articolazioni più fluide e sciolte.
Rafforza il fegato.
Facilmente digeribile.
Potente antiossidante.
Nutre e rafforza i tessuti.
Favorisce il sistema immunitario.
Ha l'8% in meno di acidi grassi saturi.

Ad ogni modo alle volte bisogna solo lasciarsi ispirare dalle ricette, rielaborandole in modo da adattarle alla propria dieta.
Il profumo delle spezie è irresistibile e può fare di un piatto banale un'evasione orientale.

RISOTTI DI FAMIGLIA

Valeria appoggia le lunghe gambe sul pouf; seduta sul divano, si impossessa del telecomando e comincia a fare zapping distrattamente.

Sonagli annunciano vincitrici di giochi a premi svestite e sorridenti. Cascate d'acqua e tavole da surf sfidano le leggi di gravità. Arti maciullati, polvere, sangue, seguono senza soluzione di continuità, a campi di un verde tenero scossi dal vento.

Dalla poltrona, interviene Cristina:

"Lascia sulla trasmissione sul riso." – ingiunge inaspettatamente.

Valeria si risveglia rendendosi conto che non sapeva nemmeno cosa stesse guardando.

"Ma sì il canale con il campo di verde tenero. Erano risaie."

Valeria si gira verso la madre:

"Dici?" – chiede con sguardo interrogativo.

"Certo, i campi di riso son così. Sai che il riso è d'obbligo in casa nostra, in tutte le sue forme dal campo al piatto." – Cristina accarezza la testa di Ares che aumenta il ritmo e la tonalità delle fusa.

Valeria ritrova il canale con i campi verdi che ora stanno sullo sfondo mentre sono inquadrati sacchi di varie tipologie di riso.

Cristina avanza accarezzando la schiena di Ares:

"Mio padre veniva soprannominato "paciarisott", quando in mensa prendeva sempre il riso in bianco. La sera, a casa, la mamma sapeva di farlo felice con un piatto di risotto giallo, versione "light" del risotto alla milanese, o con un riso e piselli.

Negli anni il burro è stato sostituito dall'olio d'oliva, la cipolla è diventata più abbondante e il formaggio eliminato. E il profumo dello zafferano si è rivelato ancor di più.

Per Natale, il risotto allo champagne non è mai mancato, grazie al fatto che le bollicine nella cottura se ne vanno."

Valeria abbassa il volume indirizzando il telecomando verso la televisione.

"Ah, lo so bene. La nonna riusciva a trasformare il riso anche in dolce."

Cristina accavalla le gambe, sollevando leggermente Ares che miagola sommessamente in segno di protesta:

"Per la generazione che aveva vissuto la guerra il cibo è stato qualcosa di veramente importante. In cucina non si buttava nulla, spesso i piatti venivano rielaborati, saltati, e camuffati in qualcosa di altro per il pasto successivo.
Inoltre per i nonni negli anni '60 e '70 "andare al ristorante" rappresentava un evento eccezionale e quindi un grande regalo.
Le frittelle di riso della nonna Mimma nascono proprio così: dal riso bianco avanzato del pasto precedente.
Eppure per noi bambini era una festa: speravamo sempre che avanzasse del riso per poter assaggiare nelle frittelle."

MINESTRA DI RISO E VERZA

Ingredienti per 4 persone:
- 300 gr di riso per minestre
- 1 verza
- 1 cipolla
- alcuni semi di cumino
- 2 cucchiai d'olio extravergine d'oliva
- sale

Procedimento:
Pulire la verza e tagliarla a fette. Affettare la cipolla.
In una pentola mettere a freddo la verza, la cipolla e circa un litro d'acqua salata.
Far cuocere per il tempo necessario il riso, e alla fine aggiungere l'olio e i semi di cumino.

MINESTRA RISO E PREZZEMOLO DELLA NONNA MIMMA

Ingredienti per 4 persone:
- 300 gr di riso per minestre
- una manciata di prezzemolo tritato
- 2 cucchiai d'olio extravergine d'oliva
- sale

Procedimento:
Portare ad ebollizione circa un litro d'acqua e salarla. Aggiungere il riso e metà del prezzemolo. Cuocere per il tempo necessario e aggiungere al termine la rimanenza del prezzemolo e l'olio d'oliva.

RISO CON PORRI ALLA TURCA

Ingredienti per 4 persone:
- 320 gr di riso
- 1 kg di porri
- 1 cipolla media
- 1 carota grossa
- 1 e ½ tazzina di olio extravergine d'oliva
- il succo di 1 limone
- 1 e ¼ bicchiere d'acqua
- ½ cucchiaio di sale fino

Procedimento:
Pulire e lavare i porri e tagliarli a striscioline di circa 5 cm di lunghezza.
Pulire e lavare la carota e tagliarla a rondelle di circa ½ cm di spessore.
Affettare la cipolla.
Scaldare l'olio e soffriggere la cipolla, aggiungere la carota, i porri, l'acqua, il sale ed il succo del limone.
Cuocere a fuoco lento per circa 30 minuti. Aggiungere il riso e cuocere per il tempo necessario alla cottura, circa 14 minuti.
Servire freddo.

RISOTTO CON LE ZUCCHINE

Ingredienti per 4 persone:
- 320 gr di riso per risotti
- 3 volte il volume del riso di acqua salata o brodo di verdura
- 4 zucchine
- 1 cipolla bianca
- 1 spicchio d'aglio
- 1 bicchiere di vino bianco
- qualche foglia di basilico
- 4 cucchiai di panna di soya
- 2 cucchiai d'olio extravergine d'oliva

Procedimento:
Lavare, pulire e tagliare le zucchine a julienne. Preparare il fondo per il risotto con l'olio d'oliva e la cipolla affettata sottilmente. Aggiungere il riso e farlo intridere velocemente, aggiungere il vino bianco e lasciare evaporare. Iniziare la cottura del risotto con il brodo (o acqua salata), aggiungendo il liquido mano a mano. A circa metà cottura unire le zucchine e completare la cottura. Calcolare circa 18 minuti in tutto. Decorare con foglie di basilico.

Variante:
Ai piccoli, ma anche ai grandi, piace un po' più cremoso: aggiungere alla fine un po' di panna di soya e mantecare.

RISOTTO CON I GERMOGLI DI SOYA

Ingredienti per 4 persone:
- 320 gr di riso per risotti
- 200 gr di germogli di soya
- 1 cipolla
- prezzemolo
- 1 bicchiere di vino bianco
- 2 cucchiai d'olio extravergine d'oliva
- sale

Procedimento:
Sbucciare la cipolla e farla soffriggere nell'olio. Aggiungere il riso e sfumare con il vino bianco.
Cuocere bagnando con acqua salata. A metà cottura aggiungere la metà dei germogli di soya.
Solo quando il riso sarà a pochi minuti dall'essere pronto, buttare i rimanenti germogli di soya e il prezzemolo.

RISOTTO CON LE MELE

Ingredienti per 4 persone:
- 4 mele golden
- 320 gr di riso per risotti
- 1 bicchiere di vino bianco
- noce moscata
- buccia di un limone
- 1 cipolla
- salsa Worchester
- 2 cucchiai d'olio extravergine d'oliva
- sale

Procedimento:
Sbucciare le mele e tagliarle a dadini.
Sbucciare la cipolla e farla soffriggere nell'olio.
Unire il riso, mescolare e bagnare con il vino bianco.
Quando il vino sarà evaporato aggiungere l'acqua salata e cuocere mescolando.
A metà cottura versare i dadini di mela e la buccia di un limone.
Terminare la cottura e aggiungere la noce moscata grattugiata e un spruzzata di salsa Worchester.

GNOCCHI CINESI DI RISO CON VERDURE
Per chi può assumere solanacee

Ingredienti per 6 persone:
- 500 gr gnocchi di riso cinese, acquistabili nei negozi di prodotti orientali
- 1 cespo di insalata di cavolo cinese
- 1 spicchio d'aglio
- 1 cipolla o porro
- 2 peperoni gialli
- 1 confezione di germogli di soya
- 2 finocchi
- 3 carote
- 3 zucchine
- 1 confezione di baby-pannocchie di mais
- 4 cucchiai di olio extravergine d'oliva
- salsa di soya

Procedimento:
La preparazione di questo piatto inizia la sera precedente, se volete che sia pronto per pranzo.
Disporre gli gnocchi in un contenitore, aggiungere dell'acqua fredda fino a ricoprirli. Lasciare riposare una notte.
La loro cottura avviene come i nostri gnocchi in acqua bollente salata, raccogliendoli con la schiumarola, quando salgono in superficie.
Il condimento sarà costituito dalle verdure che verranno lavate e pulite e tagliate in piccoli pezzi. Le carote e le zucchine in bastoncini sottili, i peperoni e i finocchi a listarelle, cipolle o porro a rondelle. L'insalata di cavolo cinese va lavata e tagliata a listarelle.
Unire le baby pannocchie, le listarelle di insalata di cavolo cinese e, in ultimo, i germogli di soya. Irrorare con salsa di soya e un giro d'olio a crudo.

FRITTELLE DI RISO DELLA NONNA MIMMA
Per chi può assumere l'uovo

Ingredienti per 4 persone:
- 300 gr riso lesso avanzato
- 2 uova
- 100 gr di uvetta sultanina
- un bicchierino di liquore
- 100 gr di zucchero
- la buccia grattugiata di un limone
- olio extra vergine d'oliva per friggere
- zucchero a velo
- 1 cucchiaino di cacao amaro (facoltativo)

Procedimento:
Ammollare l'uvetta nel liquore. Profumare il riso precedentemente cotto con la scorza di limone grattugiata, aggiungere lo zucchero e l'uvetta con il liquore che non è stato assorbito.
Scaldare una padella con l'olio per friggere e quando l'olio è caldo buttare a cucchiaiate il riso preparato.
Quando la frittella è pronta lasciarla sgocciolare su un foglio di carta assorbente e spolverizzarla con lo zucchero a velo.
Se dovete preparare il riso appositamente mettete un pezzetto di vaniglia nell'acqua, oppure provate a farlo cuocere nel latte di riso o di soya.
Una variante è l'aggiunta nell'impasto di un cucchiaino di cacao amaro.

DI MADRE IN FIGLIA

Valeria indirizza nuovamente il telecomando verso la televisione e la spegne definitivamente.

Cristina si alza, provocando un risveglio traumatico di Ares che mugugna, slanciandosi verso la libreria. Si acciambella per "la pennica", infilando la testa in uno dei pochi buchi liberi tra i libri, dando la prospettiva della coda alla sala e ai presenti.

Valeria mette il telecomando sul bracciolo del divano:

"Vado a far la spesa, domani arrivano gli aspiranti suoceri." – sospira, lanciando uno sguardo di sottecchi alla madre.

Cristina si risiede con un ginocchio sul divano.

"Sei preoccupata?" – chiede a sua figlia.

"No. Ormai ho elaborato una serie di ricette buone, che anche Nico apprezza da quando viviamo insieme. Mi sono specializzata sui primi e anche sulla carne; sul pesce posso attingere al tuo serbatoio…" – afferma seguendo con l'indice l'impuntura del bracciolo del divano.

"E allora cosa ti rende perplessa?" – la interroga Cristina, scrutandola.

Valeria dà un buffetto all'orlo del bracciolo.

"Ma allora non capisci? Ho da paragonarmi con la verace cucina pugliese e da affrontare l'insaziabilità in persona!" – si rivolge con uno sguardo preoccupato a Cristina.

"Va bene Valeria, ma se sei riuscita a convincere Nico, in questo anno di convivenza, perché non dovresti riuscirci con i suoi genitori?" - le chiede alzando le mani per incitarla ad affidarsi alla natura positiva delle cose.

"All'inizio credo che abbia pensato di essere capitato in una famiglia di pazzi; poi pian piano, da una chiusura dovuta alla sua esperienza di pranzi e cene pantagruelici tutti i giorni, è approdato ad un certo scetticismo, che prima si è trasformato in rassegnazione e poi in fiducia." – sorride a Cristina.

"Appunto. Guarda che non ci hai messo tanto!" – la rassicura, sedendosi più comodamente sul divano.

"Sai, andiamo insieme a fare la spesa e su alcune cose ci separiamo (ad esempio i biscotti per la colazione, perché lui non rinuncia alla sua tazza di latte con frollini), ma per la maggior parte scegliamo insieme proprio perché ormai cucinare con attenzione alla salute fa parte delle abitudini di entrambi." – anche Valeria si accoccola meglio sul divano tirando a sé le gambe.

"E poi Vale, state per sposarvi, hai molto tempo davanti per conquistare quel lato della famiglia anche ai fornelli."

CONIGLIO MELE E CURRY DELLA SUOCERA

Ingredienti per 4 persone:
- 1 kg di coniglio a pezzi
- 1 bicchiere di vino bianco
- 100 gr di farina di kamut
- 1 cucchiaio di pinoli
- 2 cucchiaini di polvere di curry
- 1 mela grande
- 1 cipolla
- 2 cucchiai d'olio extravergine d'oliva
- pepe
- sale
- brodo vegetale (facoltativo)

Procedimento:
Infarinare il coniglio, affettare la cipolla molto sottile e far rosolare il tutto in una padella. Aggiungere il coniglio e irrorare con vino bianco e lasciar evaporare. Aggiungere un bicchiere di vino bianco e lasciar evaporare.
Aggiungere i pinoli, la mela tagliata a piccoli cubetti e il curry. Aggiungere un po' d'acqua o di brodo, sale, pepe, e lasciar cuocere molto lentamente per almeno per 40 minuti.
Si consiglia di servirlo con polenta.

RISOTTO CON LA ZUCCA

Ingredienti per 4 persone:
- 400 gr di riso carnaroli
- 200 gr di zucca
- rosmarino
- 3 spicchi d'aglio
- 2 bicchieri abbondanti di vino bianco
- 2 cucchiai di panna di soya (facoltativo)
- 2 cucchiai d'olio extravergine d'oliva
- pepe
- sale fino
- sale grosso

Procedimento:
Tagliare la zucca a cubetti piccoli e farla rosolare in pentola con abbondante olio e gli spicchi d'aglio. Cuocere coperto e mescolare di tanto in tanto. Quando la zucca comincia ad ammorbidirsi, aggiungere del rosmarino e continuare a far cuocere per qualche minuto senza coperchio.
A parte, far bollire in un pentolino dell'acqua che avremo salato (diventerà il nostro brodo per la cottura del riso).
Versare il riso nella pentola della zucca e mescolare energicamente. Aggiungere il vino e continuare a mescolare. Versare abbondante brodo in modo che il livello d'acqua superi di 3-4 dita il riso. Lasciar cuocere a fuoco alto, mescolando ogni 5 minuti per dare omogeneità. È importante che il riso, fino a completa cottura, rimanga in abbondante brodo. Poco prima che sia pronto aggiustare di sale e alzare la fiamma per far evaporare il brodo in eccesso.
A discrezione, è possibile a cottura ultimata aggiungere un paio di cucchiai di panna di soya per rendere il risotto più cremoso.

INSALATA DI RISO E RISO VENERE CON VERDURE

Ingredienti per 4 persone:
- 200 gr riso per insalate
- 200 gr riso venere
- 1 cucchiaio di erba cipollina
- 2 zucchine
- 2 carote
- 1 gambo di sedano
- 2 cucchiai d'olio extravergine d'oliva
- pepe
- sale

Facoltativi:
- 2 peperoni
- 1 melanzana
- 200 gr di gamberi o gamberetti

Procedimento:
Tagliare sottilmente l'erba cipollina e metterla in una tazzina con l'olio che useremo come condimento.
Far bollire il riso bianco e il riso venere separatamente, ciascuno in un pentolino con acqua salata (le cotture possono avere tempi differenti a seconda delle marche di riso). Scolare e passare il riso sotto il getto freddo del rubinetto. Riporre in una terrina e condire con olio ed erba cipollina.
Lessare le zucchine e tagliarle a rondelle; tagliare anche il sedano; tagliare alla julienne le carote.
Unire il tutto e lasciar riposare in frigorifero.

Come variante, per chi può assumerli, è possibile aggiungere peperoni, melanzane e gamberi o gamberetti.

GNOCCHI DI ZUCCA AGLI AMARETTI
Per chi può assumere l'uovo

Ingredienti per 4 persone:
- 600 gr di zucca
- 100 gr di farina di kamut
- 1 uovo
- rosmarino
- 2 cucchiai d'olio extravergine d'oliva
- sale

Per il sugo:
- 200 ml di panna di soya
- 100 gr di amaretti duri
- salvia
- 2 cucchiai d'olio extravergine d'oliva
- sale

Procedimento:
Pulire la zucca dai semi e dalla buccia e scottarla in una padella con olio e rosmarino. Quando la zucca risulta morbida al punto da poter essere schiacciata con una forchetta, creare un impasto cremoso. Unire quindi l'uovo e la farina; aggiungere sale e pepe.
Creare gli gnocchetti con l'aiuto di due cucchiaini. Versare gli gnocchi in acqua bollente preventivamente salata; quando vengono a galla sono pronti.
Per il sugo: sbriciolare gli amaretti in pezzi non troppo piccoli. Scaldare un cucchiaino di olio in una padella e versarvi gli amaretti e la salvia. Aggiungere la panna e portare ad ebollizione, mescolando delicatamente per non frammentare eccessivamente gli amaretti.
Aggiungere sale e pepe e lasciare riposare.

PASTA PANNA, BRESAOLA E ZAFFERANO

Ingredienti per 4 persone:
- 400 gr di pasta corta di kamut o farro
- 150 ml di panna di soya
- 100 gr di bresaola
- 1 bustina di zafferano
- 2 cucchiai d'olio extravergine d'oliva

Procedimento:
Tagliare in piccoli quadratini la bresaola.
Scaldare un po' d'olio in una piccola padella e far rosolare la bresaola. Versare la panna di soya, salare e portare ad ebollizione. Mescolare in modo che non attacchi ed aggiungere lo zafferano.
Portare ad ebollizione una pentola d'acqua salata, gettare la pasta, cuocere per 9 minuti, scolare, saltarla brevemente in padella con il sugo e servire.

PASTA CIPOLLA, GHEE E SARDINE

Ingredienti per 4 persone:
- 400 gr di pasta corta di kamut o farro
- 1 cipolla grande
- 1 cucchiaio di ghee (*burro chiarificato* v. pagina 115)
- 3 acciughe o 2 cucchiaini di pasta d'acciughe

Procedimento:
Scaldare una piccola padella e far sciogliere il burro ghee. Versare nella padella la cipolla tritata finemente e cuocere fino a doratura a fuoco basso. Aggiungere le acciughe sminuzzate in piccoli pezzi (o stemperare la pasta d'acciughe). Far cuocere ancora per un minuto o due e lasciar riposare.
Portare ad ebollizione una pentola d'acqua salata, gettare la pasta, cuocere per 9 minuti, scolare, saltarla brevemente in padella con il sugo e servire.

PASTA PANNA E ZUCCHINE

Ingredienti per 4 persone:
- 400 gr di pasta corta di kamut o farro
- 1 cipolla piccola
- 150 ml di panna di soya
- 2 zucchine piccole
- 2 cucchiai d'olio extravergine d'oliva
- una bustina di zafferano (facoltativo)

Procedimento:
Scaldare una piccola padella e far rosolare nell'olio la cipolla tagliata finemente. Aggiungere le zucchine (non lessate) grattugiate con la grattugia a scaglie grandi o tagliate alla julienne. Lasciar cuocere qualche minuto fino a doratura. Aggiungere poi la panna, mescolare e far cuocere fino al bollore; salare e lasciar riposare.
Come variante si può aggiungere dello zafferano alla fine.
Portare ad ebollizione una pentola d'acqua salata, gettare la pasta, cuocere per 9 minuti, scolare, saltarla brevemente in padella con il sugo e servire.

PASTA GAMBERETTI, ZUCCHINE E ZAFFERANO

Ingredienti per 4 persone:
- 400 gr di pasta corta di kamut o farro
- 2 spicchi d'aglio
- 2 zucchine piccole
- 100 gr di gamberi o gamberetti sgocciolati
- 1 o 2 bustine di zafferano
- 2 cucchiai d'olio extravergine d'oliva
- sale

Procedimento:
In una piccola padella far rosolare nell'olio gli spicchi d'aglio. Rimuoverli ed aggiungere le zucchine tagliate a rondelle. Far cuocere qualche minuto e aggiungere i gamberetti. A cottura ultimata, aggiungere una bustina (o due) di zafferano.
Portare ad ebollizione una pentola d'acqua salata, gettare la pasta, cuocere per 9 minuti, scolare, saltarla brevemente in padella con il sugo e servire.

CAPRESE DI FARRO
Per chi può assumere solanacee

Ingredienti per 4 persone:
- 200 gr di farro decorticato
- 4 pomodori da insalata
- 1 peperone giallo
- 1 bicchiere di olive verdi o nere
- 1 cipolla
- basilico (abbondante)
- 2 cucchiai d'olio extravergine d'oliva
- sale

Procedimento:
Lessare il farro in un volume d'acqua doppio rispetto al cereale, con poco sale, per 30 minuti.
Tagliare la cipolla sottilmente e le altre verdure. Scolare il farro e passarlo sotto il getto freddo del rubinetto. Condire con olio, sale e basilico. Aggiungere le verdure e lasciar riposare.

Varianti: a seconda delle intolleranze, è possibile aggiungere la feta tagliata a cubetti (o mozzarella per i non intolleranti), sostituire le verdure con quelle di vostro gradimento, o aggiungere altri ingredienti come mais o tonno.

RISOTTO DI PESCE SUPER VELOCE

Ingredienti per 4 persone:
- 300 gr di riso
- 300 gr di pesce (confezione preparato per risotti: totani, cozze, vongole, calamari)
- 1 cucchiaio abbondante di prezzemolo
- 2 bicchieri di vino bianco
- 2 spicchi d'aglio
- pepe
- 2 cucchiai d'olio extravergine d'oliva
- sale

Procedimento:
Scaldare olio abbondante in una pentola in cui far soffriggere 2 spicchi d'aglio. Parallelamente, far bollire in un pentolino dell'acqua salata (diventerà il nostro brodo per la cottura del riso).
Unire il pesce e cuocere per un paio di minuti. Aggiungere il prezzemolo e a seguire il riso. Versare i due bicchieri di vino e lasciare evaporare un minuto, mescolando di continuo per non fare bruciare il riso.
Versare abbondante brodo in modo che il livello d'acqua superi di 3-4 dita il riso. Lasciar cuocere a fuoco alto, mescolando ogni 5 minuti per dare omogeneità. È importante che il riso, fino a completa cottura, rimanga in abbondante brodo. In prossimità della cottura, aggiustare di sale e alzare la fiamma per far evaporare il brodo in eccesso.

Nel caso si utilizzi pesce surgelato, è possibile scongelare il prodotto in modo che l'acqua che si ricava possa essere utilizzata come brodo e dare così maggior sapore al risotto (nel caso, versare l'acqua di scongelamento nel pentolino ed aggiungere man mano, secondo necessità, nuova acqua per garantirsi una giusta quantità di brodo).

CROCCHETTE DI PATATE
Per chi può assumere solanacee e uovo

Ingredienti per 4 persone:
- 800 gr di patate
- 3 uova
- noce moscata
- un cucchiaio di latte di soya o di riso
- 200 gr di grattugiato di kamut
- olio extravergine d'oliva per friggere
- pepe
- sale

Procedimento:
Lessare le patate e schiacciarle in una terrina capiente. Salare, unire 2 uova e una grattugiata di noce moscata. Creare, aiutandosi con un cucchiaio, delle crocchette di forma cilindrica o delle forme rotonde con uno spessore di mezzo centimetro.
In un altro piatto sbattere l'uovo rimanente, unire il pepe e il latte; passare quindi le crocchette nell'uovo e successivamente nel pan grattato preparato a parte.
Far scaldare l'olio e, quando è alla giusta temperatura, friggere le crocchette poco alla volta, girandole delicatamente in modo che la cottura risulti uniforme.

FINOCCHI GRATINATI CON BESCIAMELLA DI SOYA

Ingredienti per 4 persone:
- 4 finocchi grandi
- 250 ml panna di soya
- 1 cucchiaino di maizena
- farina di mais
- cannella
- 2 cucchiai d'olio extravergine d'oliva
- pepe
- sale

Procedimento:
Lessare i finocchi con acqua salata. Tagliarli dapprima a metà e poi a fettine, facendo attenzione a mantenere le fette intere. Far bollire in un pentolino la panna di soya con un pizzico di sale ed una spolverata di cannella; quando raggiunge il bollore, aggiungere la maizena e continuare a mescolare finché la panna si addensa completamente. Se si creano dei grumi, mescolare energicamente.

Disporre un primo strato di fette di finocchi sul fondo di una teglia e coprire con un primo stato di besciamella; aggiungere una spolverata di pepe ed uno strato leggero di farina di mais. Proseguire allo stesso modo con un secondo ed un terzo strato, sopra al quale aggiungeremo un filo d'olio. Gratinare in forno preriscaldato a 180° per 20 minuti.

VERDURE ALLA SABRY CON WURSTEL DI POLLO
Per chi può assumere solanacee

Ingredienti per 4 persone:
- 1 cipolla grande
- 2 zucchine
- 1 melanzana
- 2 peperoni
- 2 carote
- 4 wurstel di pollo
- 2 cucchiai d'olio extravergine d'oliva
- sale

Procedimento:
Tagliare le verdure a cubetti. Lasciar rosolare la cipolla tagliata finemente in una padella con il fondo alto; aggiungere le zucchine e le carote.
Cuocere per qualche minuto e aggiungere i peperoni; dopo un paio di minuti aggiungere la melanzana.
Continuare a cuocere mescolando spesso energicamente.
Aggiungere sale quanto basta.
Dopo 15 minuti aggiungere i wurstel di pollo tagliati a quadratini e ultimare la cottura.

PISELLI CON BRESAOLA E SALVIA

Ingredienti per 4 persone:
- 400 gr di piselli
- 125 gr di bresaola
- 1 cipolla medio-grande
- salvia
- 2 cucchiai d'olio extravergine d'oliva
- sale

Procedimento:
Far rosolare la cipolla nell'olio fino a doratura; abbassare il fuoco ed aggiungere la salvia per insaporire l'olio; proseguire aggiungendo la bresaola tagliata a quadratini ed infine i piselli sgocciolati. Cuocere, mescolando di tanto in tanto, per 10 minuti circa.

PISELLI E MAIS CON BURRO E SALVIA

Ingredienti per 4 persone:
- 200 gr di piselli
- 200 gr di mais
- 1 cucchiaio di ghee (*burro chiarificato* v. pagina 115)
- salvia
- sale

Procedimento:
Far scaldare il ghee e aggiungere la salvia; versare mais e piselli, mescolare e lasciar cuocere per 10 minuti.

POLLO IMPANATO CON FARINA DI MAIS

Ingredienti per 4 persone:
- 2 o 3 fettine di petti di pollo
- 100 gr di farina di mais
- il succo di un limone
- 2 cucchiai d'olio extravergine d'oliva
- sale
- 2 uova (facoltative)
- 50 gr di farina di riso (facoltativa)

Procedimento:
Lavare il petto di pollo. Senza asciugarlo, tagliare le fettine in bocconcini non troppo piccoli.
Passarli in abbondante farina di mais, premendo leggermente la carne. Ungere una padella e far cuocere i petti di pollo per 5-10 minuti, girandoli una o due volte. Salare in cottura e, al termine, aggiungere limone a piacimento.

Variante per chi può mangiare le uova:
Lavare il petto di pollo. Senza asciugarlo, tagliare le fettine in bocconcini non troppo piccoli. Sbattere le uova e aggiungervi il sale.
Passare i bocconcini prima nella farina di riso, poi nelle uova e successivamente in abbondante farina di mais, premendo leggermente la carne. Ungere una padella e far cuocere i petti di pollo per 5-10 minuti, girandoli una o due volte. Al termine, aggiungere il succo di un limone.

TRANCIO DI SALMONE AL FORNO

Ingredienti per 4 persone:
- 4 tranci di salmone
- 2 cucchiai d'olio extravergine d'oliva
- pepe nero
- maggiorana
- timo
- sale

Procedimento:
Mettere il salmone in una teglia foderata di carta forno, insaporire il salmone con i vari aromi. Mettere in forno preriscaldato a 180° per 15-20 minuti.

BISCOTTI COCCO E CIOCCOLATO
Per chi può assumere uovo

Per 15-18 biscotti:
- 2 uova
- 160 gr di farina di cocco
- 2 cucchiai di farina di riso
- 2 cucchiai di cacao amaro
- 125 gr di zucchero
- 110 gr di ghee (*burro chiarificato* v. pagina 115)

Procedimento:
Lasciare a temperatura ambiente burro e uova per almeno mezz'ora. Amalgamare il burro e lo zucchero fino ad ottenere un composto omogeneo; sbattere le uova, aggiungerle al composto e mescolare. Procedere con la farina di riso e il cacao. Infine, aggiungere la farina di cocco.
Creare delle palle irregolari e disporle sulla placca del forno.
Infornare a 130° per 45 minuti.

TORTA DI MELE CON FARINA DI KAMUT
Per chi può assumere uovo

Ingredienti per 4 persone:
- 4/5 mele gialle
- 200 gr di farina di kamut
- 150 gr di zucchero
- 2 uova
- una puntina di bicarbonato
- la buccia grattugiata e il succo di un limone
- un bicchiere di latte di soya o di riso

Procedimento:
Tagliare le mele a fette sottili e lasciarle a riposare in una terrina con il succo di limone.
In un'altra terrina versare la farina, aggiungervi lo zucchero, poi i tuorli e la scorza di limone. Mescolare.
Versare il latte per ottenere un composto morbido; aggiungere infine il bicarbonato.
Unire le mele. Montare gli albumi e incorporarli al resto.
Versare nella tortiera e infornare a 180° per 40 minuti.

E...

Valeria e Nico si sono sposati. Dopo qualche tempo è nata Gaia.

Con una storia di intolleranze come quella di Valeria, anche Gaia deve evitare alcuni alimenti, pochi però: lattosio, carciofi, fragole e funghi.
Ci sono buone prospettive che, crescendo, anche l'ipersensibilità a questi alimenti rientri totalmente.

Intanto Gaia onora le sue pappe con vorace entusiasmo, certe volte le affronta con due cucchiai per evitare di perdere anche il più piccolo chicco nel suo piatto.

Quando sta dalla nonna, fa merenda con latte di riso e torta di farro, mentre ascolta le storie dell'elefante Ganesh e della scimmia Hanuman, i personaggi della tradizione indiana che la nonna non si stanca mai di raccontarle.

Gaia si addormenta nel lettino, solo se accompagnata dai suoi inseparabili pelouche a pelo rado: un broccolo verde vispo e una carota arancione altisonante.

Al momento entrambe gli ortaggi la superano in altezza ma lei li abbraccia lo stesso.

E vissero Tolleranti e contenti.

Bibiliografia

La cucina per i bambini, G. Capano e C. Pelletta, Tecniche Nuove, Milano, 2004.

Naturalmente bimbo, A. Amodei, M. Bièse, P.Caneti, M. Casadei, D. Fornaia, E. L. Frontini M. C. Gallo, B. Grandi, O. Greco, S. Mezzera, C. Trevisani, M. Trincale, Aam Terra Nuova, Firenze, 2003.

Nutrizione corretta, in gravidanza, allattamento e svezzamento, M. Mandadori, Beatrice Ravioli, Tecniche Nuove, Milano, 2004.

Il mio bambino da 0 a 1 anno, Marlyn Segal, edizioni red! Milano 2004 – Prima Edizione Milano 1992.

Non solo mamma di Claudia de Lillo, Tea Spa, Milano 2008.

Pranzetti e merende di T. Valpiana, Matilde Parona, Red Edizioni!, Milano 2008.

Alimentazione naturale dallo svezzamento all'adolescenza di Giulia Fulghesu, Tecniche Nuove, Milano 2007.

How to cook for food allergies di Lucinda Bruce-Gardine, Pan Macmillan, Londra 2007.

Scuola di cucina Le Cordon Bleu – Ed. Italiana Gruppo RL, Rimini 2005.

Joia di Pietro Leeman, Giunti, Firenze 2008.

Sei quello che mangi di Dr. Gillan McKeith, Corbaccio, Milano, 2006.

Ricette per la salute di Paola Loaldi, Mondadori, Milano 2008.

Senza glutine di Nicola Micheletto e Monica Negroni, Tecniche Nuove, Milano 2007.

Bioricettario di Pino Zammataro, AAM Terra Nuova, Firenze 2006.

La cucina facile di Barbara Toselli, Tecniche Nuove, Milano 2007.

Il Cucchiaio Verde Pocket a cura di Walter Pedrotti, Demetra Giunti, Firenze 2004.

Anatomia esperienziale di Andrea Olsen, Red Edizioni, Novara 2002.

Alimentazione nutriterapia e salute di Bruno Brigo, Tecniche Nuove, Milano 1997.

Erbe aromatiche e officinali di Marcus A. Webb, Idea Libri, Rimini 2002.

Verdure & Co! Parragon, Bath 1999.

La cucina integrale di Liliana Buonfino, Arnoldo Mondadori, Milano 1977.